PRÓLOGO POR

NO SE TRATA SOLO DE CAMINAR, SINO DE DEJAR HUELLA EN EL CAMINO

SABIDURÍA

PARA VIVIR MEJOR LA VIDA

MARCO ANTONIO CASTILLA

SABIDURÍA
PARA VIVIR MEJOR LA VIDA

1a ed. - : el autor TONY CASTILLA 2022. 208 p. ; 6x9

ISBN 978-0-578-26282-6

1. Vida Cristiana. I. Título

Corrección y edición
Patricia García
pgarcia@tallerdelibros.com.ar

Diseño tapa e interior
Ricardo A. Mugni
losmugni@gmail.com

Foto Portada
Marisabel Graumann

Impreso en Colombia

www.sabiduriaparavivirmejor.com

Índice

Corría el año 2010 y mi padre se jubiló como profesor. Por esa razón le dieron una gran cantidad de dinero. Un día, casualmente, entré a una de las habitaciones de nuestra casa y encontré a mi padre contando todo su dinero. La cama estaba llena de billetes de alto valor. Reconozco que mi primera impresión fue de sorpresa, quedé helado allí mirando esa escena. No sé si fue porque vi tanto dinero junto, el cual jamás había visto en mi vida, o porque mi padre estaba allí con otras personas y yo, su hijo, no estaba ahí. El asunto es que mi padre al verme solo hizo silencio. Luego de un rato, se acercó a mí y me hizo una sola pregunta: "Tony, ¿qué quieres, dinero o sabiduría?" Esa fue una pregunta que yo creí que venía del cielo, como si Dios estuviera utilizando a mi padre para que yo tomara una de las decisiones más trascendentes de mi vida.

Sin pensarlo un minuto, le respondí:

¡Sabiduría, quiero sabiduría!

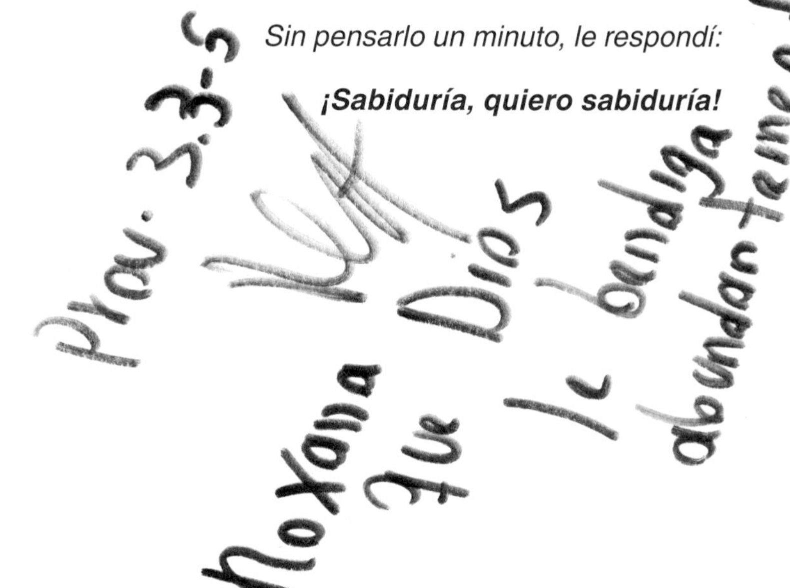

AGRADECIMIENTOS

Agradecimientos

Agradecimientos

- Quiero primeramente agradecer a quien cambió mi vida. Aquel que me llamó con su amor y por quien por voluntad propia decidí ser su esclavo por amor. A quien he sometido mi vida, a mi amado Jesús.

- Agradezco infinitamente a mi esposa Ileana Vanessa Castilla, a nuestros hijos Jocelyne, Marco, Heidy e Isabella Castilla. Gracias por inspirarme cada día. Ustedes son mi motor y mi inspiración.

- Agradezco a mis padres, los profesores Rogelio Castilla y Eva Suarez. Ellos me enseñaron principios y valores dentro del nido y que al salir me siguen conduciendo por el camino correcto.

- A mis tres hermanos Jorge, Ángel y Carlos Castilla. Juntos vivimos una entrañable niñez y logramos querernos hasta ahora. También a mi hermano menor, Everardo Castilla, que ya no está con nosotros, sino que terminó su carrera aquí en la tierra a muy temprana edad. Nos volveremos a ver.

- Un gran agradecimiento a la congregación que Dios me ha permitido liderar por más de una década, Monte de Sion. Gracias por su paciencia en este proyecto. Los aprecio en gran manera ya que ustedes ocupan un lugar muy especial en mi corazón.

- Estoy muy agradecido con Dr. Francisco Colop por su mentoría. Con el Dr. Abraham Pérez, por su liderazgo en mi vida. Agradezco al Dr. Aron Hernández, por su amor por la nación de Israel. Al Dr. Antonio Sariñana por pastorearme. Y también al Dr. Benjamín Kreprosman, por colaborar conmigo en la geografía de Israel.

- A los pastores Omar y Cristina Herrera, por su aporte y ayuda en la producción de este libro, por inspirarme a escribir las enseñanzas y experiencias vividas.

- Al Dr. Alberto Mottesi por sacar de su valioso tiempo para escribir el prólogo de ***Sabiduría, para vivir mejor la vida.***

- Gracias a todos mis amigos por su amistad y muestras de afecto hacia mi persona.

- Gracias a todos por dejarse usar por Dios y bendecirme en diferentes áreas de mi vida. *Shalom.*

PRÓLOGO

Yo también quiero viajar con Marco Antonio. Peregrinar con el autor de este precioso libro, nos llevará a través de cada página a una experiencia enriquecedora que nos ayudará a vivir más y mejor el resto de nuestros días. ¡Qué interesante para mí! En los últimos dos años en la reunión diaria de oración en la base de nuestro ministerio, la plegaria constante fue: "Señor, danos sabiduría para las decisiones que debemos tomar". Como expresa el Pastor Castilla: "Somos las decisiones que tomamos, vivimos las decisiones que hicimos".

En esta época marcada por el asombroso auge de las redes sociales donde miles de influencers hacen casi cualquier cosa por más likes, me encanta la sabia recomendación del autor en cuanto a seguir el consejo de aquellos cuyo aprendizaje tiene forma de cicatrices. ¡Sí!, Marco Antonio tiene razón: la sabiduría es lo más importante. Mucho más que el dinero, la fama, las riquezas; los que triunfan son los que fueron en pos de la sabiduría.

Cuando era muchacho conocí a un campeón mundial de boxeo. Había ganado títulos, prestigio, popularidad y mucho dinero. Pero finalizó su vida pobre y solitario. No tuvo sabiduría para vivir su vida. Otro, uno de los futbolistas más famosos del mundo, acabó adicto a las drogas, lleno de enfermedades y con una muerte prematura. Administrar bien el tiempo, el dinero, la familia, el trabajo, las oportunidades, en fin... la vida entera, es la llave hacia “el *Shalom* de Dios”; esto es mucho más que paz. Es paz espiritual, mental, física y económica; paz profunda, serenidad, plenitud en cada ámbito de la vida.

En otras palabras: es alcanzar el propósito por el cual Dios nos creó. Él nos concibió para que seamos amigos de Dios. Y cuando nuestro extravío nos llevó muy lejos de Él, envió a su Hijo Jesús para que entendiéramos lo que ha querido decirnos. Así que ahora, señalando a Jesús, nuestro Creador insiste: “mírenlo a Él, imítenlo a Él, síganlo a Él”. ¡Es la sabiduría más alta! Hubo una época cuando a los cristianos los llamaban “los del Camino”. Es que de forma muy evidente seguían el camino, el estilo, las actitudes y la vida de Jesús.

¿Quieres una vida llena de felicidad, de paz, de prosperidad? Y no me refiero solo a la económica, hablo de prosperidad mental, emocional, espiritual, familiar y de cada aspecto de tu vida. Entonces necesitas sabiduría para vivir mejor tu vida, y nadie te la puede dar mejor que Jesús.

Doy una cálida bienvenida a este magnífico libro. Felicito a su autor, el pastor Castilla, y recomiendo la lectura de esta obra literaria que tiene el potencial de cambiar vidas para siempre. Recomiendo también este libro como material de estudio en células, grupos de mujeres, hombres, matrimonios e iglesias en general.

¡Gracias, Marco Antonio!

Alberto H. Mottesi

Introducción

Introducción

Introducción

Nadie puede negar el aporte que la sabiduría le hace a la calidad y cantidad de vida. Quiero decir con esto que gracias a ella no solo podemos vivir mejor, sino que también podemos vivir más tiempo. Por supuesto que esta declaración no pretende "hacerse Dios", determinando el tiempo que podré vivir. Claro que no. Eso no lo pongo en discusión. Dios es soberano. Pero en tanto Él no diga lo contrario, sé que deberé seguir viviendo y según trataré de decírtelo en estas páginas. Podemos vivir más y podemos vivir mejor.

Sabiduría no solo es saber cómo actuar, sino también cómo hacerlo de manera acertada. Eso no es algo que unos sí deben resolver y otros no. Todos, absolutamente todos, nos encontramos en mil situaciones donde ser sabios (es decir, saber cómo actuar). No solo será una obligación, sino también una decisión que muchas veces será proporcional a cómo será nuestra vida de ahí en más. Lo encontrarás varias veces a lo largo de esta obra. No solo es un pensamiento, es mi decisión de vida: somos las decisiones que tomamos, vivimos las decisiones que hicimos.

En el andar diario sabemos que hay decisiones que podemos tomar individualmente, es lógico que así sea. Pero en otras instancias, el consejo de alguien más será muchas veces una solución, una puerta abierta, una salida y aun una garantía que nos puede catapultar al éxito.

Necesitamos el consejo de otro pero no de cualquiera, sino de los sabios. En mi propuesta notarás que esos "sabios" no son gente extraña, que hablan raro y que tienen ropa y modos de celebridades inaccesibles, no. Siempre me referiré a ellos como esos que de tanto andar la vida, aprendieron y sus aprendizajes tienen forma de cicatrices, de marcas, de dolor, de fracasos y de logros. Esos sabios no son gente contratada, son personas allegadas a uno, me aman, me estiman, me respetan y por encima de cualquier motivación, solo tienen una: buscar mi bien, tratar de que me vaya mejor y aun mejor que a ellos mismos.

En ***Sabiduría, para vivir mejor la vida*** la propuesta es esa, contarte algunos procesos vividos en ciertos momentos de la vida en los que me di cuenta de que no solo necesité el consejo del sabio, sino que aprendí mis lecciones personales. El libro está estructurado de una forma muy sencilla de leer y también de practicar sus contenidos. Cada capítulo inicia con un breve relato de mi experiencia en Tierra Santa. ***Viajando a Israel*** son conversaciones dadas en el avión mientras volábamos a ese precioso país y ***Caminando por Israel*** son charlas espontáneas que surgieron mientras conocíamos ese increíble país. En ellos te haré parte de mis conversaciones con un ocasional compañero de viaje. Me fui dando cuenta de que los temas de los que charlábamos mientras conocíamos Israel, se conectaban directamente con las situaciones de vida que atraviesa cualquier ser humano. Inspirado por esa tierra y su increíble historia, me dije a mi mismo: "creo que aquí tengo el material para un libro". Y sí, es el que tienes en tus manos ahora.

Siempre encontrarás un texto bíblico desde el cual me he esforzado para desarrollar no solo lo que conversábamos con el apuro de andar viajando, sino también el pensamiento que le da respuesta de parte de Dios a preguntas claves en cuanto a qué hacer en ciertos momentos que todos pasamos.

Finalmente, te ofrezco ***Llaves para vivir con sabiduría.*** Representan el desarrollo de cada capítulo pero de modo resumido, de tal manera que te sea más simple recordar lo que con mucho amor estoy poniendo a tu consideración.

En su mayoría cada capítulo se corresponde con un pensamiento dicho por el rey Salomón (aunque hay otros también), quien pudiendo haber pedido a Dios toda la riqueza del mundo, pidió sabiduría. ¿Habrías pedido lo mismo? Ciertamente tuvo razones para hacerlo, por eso yo con suma responsabilidad y respeto te invito a que las descubramos.

Gracias por estar ahí. ¿Viajamos juntos?

...En uno de mis viajes a la nación más hermosa de la Tierra, la nación que fluye leche y miel, y que es la más hermosa de todas las tierras. Palabras dichas por el Creador del universo en Ezequiel 20:6. Mientras transbordaba de mi vuelo de Houston, Texas, a Estambul, Turquía, conocí a un joven que caminaba apresuradamente y gritaba fuerte:

—¡Señor!, ¡señor!

Todos volteamos a ver ya que nos dirigíamos hacia la misma dirección y éramos más de setenta personas. Yo había olvidado mi equipaje de mano después de un vuelo de catorce horas. Venía exhausto y, a la verdad, lo único que deseaba era llegar a la sala de espera y tomar el avión que me llevaría a mi destino final, a Israel.

—¿Es de usted esta bolsa o mochila? —me preguntó, y me dijo—, parece que usted la olvidó en el avión.

Lo miré agradecido y mientras asentía con mi cabeza le dije: —¡Así es joven, esta es mi mochila! —en ella cargaba mi computadora en la cual escribo durante mis viajes—. Me acabas de hacer un inmenso favor y también me has salvado muchas horas de trabajo —le expresé con mucha gratitud. Y finalmente le hice una pregunta—: ¿Cuál es tu nombre?

—Mi nombre es Marcos —me dijo—.

No se trata de los pasos que estás dando, sino de las huellas que vas dejando...

Capítulo 1

Sabiduría con propósito

Volando hacia Israel

Yo estaba muy entusiasmado al iniciar el vuelo, porque al final llegaría nada más ni nada menos que a la hermosa Tierra Santa. Pero una vez iniciado el viaje me di cuenta de que Marcos, el joven que me había devuelto mi mochila, no solo viajaría con nosotros sino que también sus inquietudes y preguntas inspirarían este libro.

—Tony —me dijo, sentado al lado de mi asiento— todos sabemos el día que nacemos, pero no en el que habremos de morir. Eso hace que el vivir aquí pueda ser un lapso más corto del que imaginamos o quisiéramos ¿es correcto?

—Sí, así es Marcos —respondí—. Veo que entiendes muy bien las explicaciones que te estoy dando. Lo más importante es que en ese "corto lapso" de tiempo, como dices, tú hagas esas cosas por las cuales estás aquí. Te explico. El rey Salomón cuando Dios se le apareció, no le pidió sabiduría porque no se le ocurrió otra cosa, sino que se la pidió con un propósito. Él fue llamado a ser rey y su decisión era ser un buen rey, uno que gobernara Israel con sabiduría y ciencia. Propósito, esa es la palabra clave, estimado Marcos…

Cuando Salomón le pidió a Dios sabiduría y ciencia, lo hizo porque sin esas dos virtudes no se puede vivir la vida en plenitud. Saber decidir y crecer en el conocimiento de todas las cosas nos ayuda a encontrar el propósito por el cual vivir. Salomón hace una presentación extraordinaria acerca de la sabiduría de la vida y principalmente de ese asunto. Eso es sabiduría con un propósito. No es para ser aplaudidos por tener mucha sabiduría, sino para saber encontrar el propósito por el cual la tenemos.

Toda obra de Dios tiene un propósito
–Salomón–

¿Sabías que cada pintor tiene una obra maestra con la cual se identifica? Sí, de todas las que tienen o producen, una siempre es su preferida, porque es esa que habla de ellos y los define con total exactitud. De la misma forma sucede con Dios. Tú y yo somos su obra maestra. Somos lo mejor que Él tiene, somos su obra extraordinaria. Algo más acerca de que somos su obra extraordinaria: ¿sabías que cada persona, de los casi siete mil millones que existen en el globo terráqueo, fue creada por Dios como única, especial y con un propósito? ¡Nadie puede hacer lo que tú puedes hacer! Eres único, especial e irrepetible. Tu huella dactilar no se repitió en nadie en el pasado, no se repite en la actualidad y no se repetirá en el futuro. Esto es maravilloso.

Cuando escuchas nombres como Michael Jordan, inmediatamente viene a tu mente el recuerdo de un basquetbolista extraordinario, irrepetible. Del mismo modo, si se trata de Lionel Messi, sabes que también es extraordinario como futbolista. Podemos llenar hojas y más hojas escribiendo una lista de personalidades increíbles y extraordinarias. Cantantes, artistas, poetas, científicos y muchos más. Todos y cada uno de ellos los reconocemos, no solo por el éxito que obtuvieron, sino y principalmente, porque encontraron el propósito por el cual viven y están en el mundo.

Propósito

Hay una lista importante de sinónimos para propósito. Por ejemplo: voluntad, determinación, proyecto, objetivo, finalidad, empeño, idea, plan, razón. Solo con esta información podemos decir que el propósito de vida es:

"Esa idea, razón o proyecto en la que pongo con determinación todo mi empeño con la idea de alcanzarlo, de lograrlo o de darle forma, lo cual me produce bienestar o felicidad".

El propósito de vida es ese descubrimiento personal con el cual respondo a las viejas preguntas: ¿para qué nací?, ¿por qué vivo? O también ayuda a definirlo como "la misión que tengo en la vida". Lamentablemente muchas personas no saben por qué están aquí en la tierra. Simple y dolorosamente viven, respiran, pero no tienen propósito de nada por el cual justificar sus respiros. Hacen cosas y aún viven de hacer cosas para las cuales no nacieron o para las cuales no fueron enviados a la tierra. No tienen una razón para irse a dormir temprano y, del mismo modo, tampoco tienen una razón que les haga despertarse temprano y aun el desvelarse por noches enteras. Aburridos, envueltos por costumbres monótonas, sin pasión, sin novedad, nada nuevo, todo es igual. La vida es el don más hermoso que Dios nos ha dado. Las quejas te mantienen en el desierto dando vueltas.

Recuerdo haber conocido hace un tiempo a una señora muy especial. Ella tenía una sonrisa muy agradable, pero también una mirada muy triste. ¡Qué combinación de gestos! Ella estaba con su pincel dibujando una hermosa pintura, lo cual despertó mi curiosidad. Me acerqué y le pregunté: "señora ¿cuántos años tiene usted haciendo esto? A lo que ella me respondió: "joven, lamentablemente hace apenas un año que me di cuenta de que yo sé pintar", y siguió diciendo: "un día tomé el pincel y comencé a dibujar hasta hacer estas hermosas pinturas". Quedé sorprendido por la respuesta. Ella se había dado cuenta del don que tenía y del propósito por el cual estaba en el mundo a los setenta y siete años, ¡increíble! Eso me dejó una reflexión. ¿Qué hizo los otros setenta y seis años ya vividos? ¡Cuántas personas en el mundo suman años a su calendario de vida, pero sin saber por qué los cumplen!

Miedo a morir

Son muchísimas las personas que viven con miedo a morir. Las razones pueden ser muchas y muy variadas. Pero hay una que produce ese miedo y es porque aún no han encontrado ni experimentado el propósito por el cual están aquí en la tierra. Imagino que ha de ser no solo frustrante sino también doloroso vivir así. Una de las cosas que hace de la vida una experiencia maravillosa es precisamente sus sorpresas, los descubrimientos o lo nuevo por descubrir. Esa riqueza de experiencias es un atractivo que no tiene comparación con nada. Digo esto porque desde hace ya muchos años que he renunciado a hacer de mi vida un "siempre lo mismo". Para que eso no sea así, descubrir el propósito o la razón de vivir hace que cada día no solo lo espere con ansias y entusiasmo, sino que disfrute todo el proceso.

Si sabes y logras contestar las siguientes preguntas, con toda seguridad estás haciendo lo correcto:

- ¿De dónde vienes?
- ¿Hacia dónde vas?
- ¿En dónde estás ahora mismo?
- ¿Qué estás haciendo?
- ¿Lo que estás haciendo te causa agrado, alegría y sentido de satisfacción?
- ¿Te ves haciendo esto y mucho más por tus próximos cuarenta años?
- ¿Te levantas con esa motivación y con esa razón de que lo que estás haciendo es lo correcto porque es lo tuyo?

Muchas veces, observar la vida y las decisiones de muchas personas me hace pensar. Son personas que increíblemente utilizan piedras para clavar unos clavos. Sí, quieren clavar clavos usando las piedras. Lamentablemente, lo único que logran con eso es lastimar sus manos. ¿Por qué? ¡Porque las piedras no son para clavar clavos! Para eso existen los martillos. Tan simple como que lo tomas y efectivamente no habrá clavo que se resista a sus golpes, pues para eso fue creado el martillo. ¿Sabes? Así es con el propósito de vida, como usar el martillo para clavar un clavo. Haces lo que debes hacer y con lo que lo debes hacer y funciona. Quizá por eso la vida de muchos es dolor, es herida, es frustración y decepción. Están usando piedras para clavar clavos. Están haciendo lo que no deben y para lo cual no nacieron. Por eso todo ser humano es dueño de su propio sueño y jamás debe cometer el error de secuestrar un sueño ajeno.

Por favor, no olvides esto. Recuérdalo. Lo más trágico que le puede suceder a una persona no es morir, sino morir sin haber encontrado y ejecutado el propósito por el cual nació y vive. Así que mi esperanza es que estas reflexiones sean una alerta y una herramienta. Todo tiene que ver con actitud. El 30% de la vida son acontecimientos y el 70% cómo reaccionarás ante ellos. Toma la decisión y haz, ahora mismo, que te empuje a descubrir tu propósito de vida, tu razón de existir. Que Dios te bendiga grande, rica y poderosamente en ese proceso. Y como bien dice el sabio: "Encomienda a Dios tus obras, y Él encaminará y te mostrará y afirmará tus pensamientos".

No solo se trata de vivir,
sino de saber vivir,
de darle un sentido
significativo a la vida.

LLAVES PARA VIVIR CON SABIDURÍA

01 La verdadera felicidad es descubrir cuál es el propósito para el cual nacimos.

02 Si no te gusta la vida que tienes, cámbiala.

03 Tú puedes ser feliz tanto como decidas serlo.

04 No se trata de cumplir años, sino de saber qué hiciste con ellos mientras los cumplías.

05 No uses piedras para clavar clavos, usa un martillo. Herramienta correcta es igual a obtención de un logro.

06 No solo existas, por favor, también vive.

07 No dejes pasar un día más, no pierdas un año más de tu vida viviendo sin razón, sin propósito.

08 Decide: sigues donde estás o avanzas hacia un nuevo lugar, un nuevo desafío.

09 No se trata de cuán cansado estás cuando vas a dormir, sino qué tan despierto quieres estar para trabajar por tu sueño.

10 Estás de paso por la vida, pero tus buenas obras pueden vivir para siempre.

Capítulo

Cómo tomar decisiones

Volando hacia Israel

La conversación con mi ocasional compañero de viaje se iba haciendo cada vez más profunda.

—Propósito —continué diciendo—, cada uno de nosotros tenemos un propósito específico por el que debemos vivir aquí en la tierra. Y ¿sabes?, para cumplirlo correctamente debemos tomar decisiones y no decisiones apuradas o convenientes, no. Deben ser decisiones correctas. No hay opción en eso.

—Eso sí que es difícil, Tony —respondió y agregó una pregunta—. Pero, ¿cómo tomar decisiones correctas?
—Marcos, escucha esto. Más veces de las que imaginas, Dios pone personas a tu alrededor que te ayudarán a tomar esas decisiones aun cuando las circunstancias sean difíciles de pasar y definir.

—Sí —respondió Marcos—, tomar decisiones sabias es difícil, especialmente cuando uno desconoce que muchas de las soluciones las tienen otras personas. Me es muy difícil comprender cómo es que en muchas ocasiones estuve tan cerca de aquellos que pudieron haber sido la solución a problemas que aún no he logrado solucionar y aún sigo pagando las consecuencias...

Todos anhelan vivir la vida con sabiduría; es decir, vivirla de tal modo que el proceso no sea una pena, una desgracia o un dolor. Por distintos caminos, haciendo distintas cosas y aun viviendo en países y culturas diferentes, el objetivo, el sueño de todos los seres humanos es vivir la vida bien y sin sobresaltos. No se trata de contar dinero de a millones, lo que se busca es ser felices, aunque el dinero no aparezca en toda su magnitud. Precisamente por eso, el querer saber cómo lograrlo es una necesidad que se ve y se escucha por todas partes. Tenemos que entender que la toma de decisiones no es una opción, sino una obligación vital. Lo que vivimos es el resultado de lo que decidimos.

Confía en el Señor de todo corazón, y no te apoyes en tu propia prudencia. Reconócelo en todos tus caminos, y él allanará tus sendas.
Proverbios 3:5-6

Consultar a Dios

Un día escuché una historia muy interesante, acerca de una señora a quien se le descompuso su auto en plena carretera. Ella llamó a varios mecánicos y lamentablemente ninguno de ellos pudo arreglarlo. Mientras lamentaba, un tanto frustrada, el no poder reparar el problema, se detuvo un auto cerca de ella y quien bajó de él tenía aspecto de todo menos de mecánico, ya que vestía muy elegante. No obstante le dijo: “Señora, levante la tapa del motor de su auto por favor”. La señora, un poco desconcertada, le respondió: “Señor, ya vinieron los mejores mecánicos y nadie ha podido hacer nada, no creo que usted...” Sin dejarla terminar su respuesta, el joven le dijo: “Encienda el auto, por favor”. Finalmente ella lo hizo y el auto encendió a la perfección. Ella, aún más desconcertada que al principio, preguntó: “¿qué le hizo a mi auto? ¿Cuánto le debo? ¿Quién es usted?”. El solo contestó la última pregunta diciendo: “Soy Henry Ford, el creador de este auto”. Ahora bien, y más allá de lo que pudieran pensar muchos, lo cierto es que la primera decisión que debiéramos tomar es la de consultar a Dios. Como Creador de nuestra vida que es, el decidir consultarle cómo vivir mejor, es por lo menos lógico, natural. Algo así como "lo mejor que puedes hacer acerca del funcionamiento de un auto, es consultar el manual de su fabricante".

Es que Dios nunca se ha equivocado y nunca se equivocará al decir y determinar qué te conviene y qué no. De Él solo puedes esperar oír lo que será lo mejor para ti. Precisamente este es el consejo del sabio Salomón al decir "fíate", es decir confía en Dios, por decisión y motivación propia. El consejo es que se haga "de todo corazón". Que no sea solo un mero hablar, decir o prometer. No se trata de un asunto de religión o de convertirte en un practicante aburrido de rituales religiosos o extraños. La verdadera relación con Dios nace en nuestro corazón. Es el resultado de las decisiones que tomamos de todo corazón, con toda nuestra fuerza, con todos nuestros sentimientos puestos en esa dirección.

Habitualmente Dios nos da alguna de estas tres respuestas: sí, no y espera un poco. No tenemos muchos problemas con las primeras dos, pero sí con la tercera, ya que "esperar" no siempre es algo que nos agrada practicar. Ciertamente hay que reconocer que para algunas cosas aún no estamos preparados, proceder así es de sabios y es necesario.

La propia prudencia

Es muy interesante lo que nos dice Salomón. Para él lo mejor que podemos hacer es tener a Dios como el primero dentro de las prioridades de consulta. Eso quiere decir que "nuestra propia prudencia", es decir nuestra propia forma de entender y hacer las cosas, nunca será suficiente. Es simple, no es complicado de entender. Dios no nos complica la vida, en todo caso, la hace más fácil, de modo que podamos decir con todo el corazón ¡me va bien en la vida!

No te des el lujo de olvidar que hay decisiones que van a marcar el resto de tu vida. Para bien o para mal. Por eso es tan importante que las consultes con Dios, mucho más aun recordando que no tenemos muchos días por vivir. Es tan solo una, por eso la toma de buenas decisiones se hace fundamental. Por ejemplo: ¿con quién compartirás el resto de tu vida?, ¿quién será el hombre o la mujer con quien te vas a casar?, ¿cuál es la carrera que vas a elegir?, ¿a cuál universidad vas a asistir? o ¿a dónde asistirán nuestros hijos? Ya sabes que la lista de cosas que haremos con nuestra vida en el futuro inmediato puede ser interminable. Por eso entre las decisiones que debemos tomar, la más importante es la que nos hace consultarle a Dios por todo eso.

Personas sabias

Otra de las maneras en que podemos tomar decisiones adecuadas es a través de personas sabias. Sí, personas llenas del conocimiento, el entendimiento, la sabiduría, la prudencia y principalmente de la experiencia de la vida. Lo que han caminado en la vida, les ha enseñado. Llevan marcas, cicatrices de haber vivido en carne propia situaciones muy duras, muy personales, pero también bien humanas. Ellos tienen algo importante para decirnos acerca de lo que les sucedió, del proceso que vivieron y en mayor medida, de las lecciones aprendidas. Esas personas existen, son las que ya llegaron a donde nosotros queremos llegar. Por eso consultarles no es rebajarse; por el contrario, es una decisión saludable, propia de los sabios, esos que reconocen en otros la autoridad de su vida y todos sus procesos. Todos en algún momento de nuestras vidas necesitaremos de personas que con su experiencia, sabiduría, enseñanzas y habilidades pueden ayudarnos a dirigirnos correctamente.

Dios ha puesto esas personas para que nosotros consultemos con ellas, para que les hagamos preguntas y luego, con mucha calma, podamos tomar nuestras decisiones. Por ejemplo, esos esposos que ya llevan años construyendo y cuidando un matrimonio exitoso, son personas a quienes podemos acudir cuando tenemos alguna clase de problema o crisis matrimonial que se complica en resolver. Ellos estarán ahí para darnos el consejo sabio y de esa forma tener más claridad y tranquilidad en nuestras decisiones.

Los padres

Por favor no tomes decisiones cuando estés enojado, triste o muy cansado. Esto es de vital importancia. Por eso en esos días difíciles, aparecen algunos más a quienes puedes pedirle consejo. Ellos sí que son personas bien sabias, sumado a la maravillosa realidad de que te aman de manera incondicional y ejemplar. ¿Quiénes? Los padres. Ellos jamás darán un consejo que busque nuestra caída, fracaso o dolor, nunca. Por el contario, todo su amor, sus palabras, consejos y esfuerzos estarán dirigidos a que nos vaya bien en la vida. Por eso, si tienes padres acude a ellos y, si no, honra su memoria con gratitud, o si estás en conflicto con ellos busca rápidamente la forma de reconciliarte. El primer beneficiado serás tú.

Los ancianos

El rey Salomón tuvo un hijo llamado Roboam. Cuando le tocó ser el rey, él aparentemente hizo lo correcto. Tomó la decisión de consultar a los ancianos del pueblo, es decir a los viejos que eran consejeros de su padre, Salomón. El joven rey debía tomar decisiones difíciles, complicadas, por eso acudió a los sabios ancianos. Pero si lo primero lo hizo bien, no fue así con lo segundo ya que, no gustándole el consejo, decidió buscar en sus amigos más jóvenes. Son esos amigos con los que él había crecido, la amistad era buena pero la experiencia y la sabiduría eran insuficientes. Así que le dieron un consejo malo, inapropiado, lo cual afectó negativamente su reinado. ¿Qué sucedió luego del consejo malo? ¡Su reino se partió! Todo por haber tomado una decisión inadecuada prestando sus oídos y obedeciendo el consejo de los inexpertos e inmaduros, en vez de oír el consejo de los sabios y ya bien experimentados.

Así que para tomar decisiones sabiamente y de ese modo provocar que nos vaya bien en la vida, se debe:

1. Consultar a Dios, porque Él nunca se va a equivocar.
2. Consultar a gente de experiencia.
3. Preguntar y escuchar a los padres.
4. Buscar el consejo de los ancianos.

5. No apurarse por decidir.
6. No tomar decisiones cuando se esté enojado, triste o cansado.

Encomienda a Dios tus obras y y tus pensamientos serán afirmados.
Proverbios 16:3

Vivir sabiamente es también el resultado de tomar decisiones adecuadas.

LLAVES PARA VIVIR CON SABIDURÍA

01 Decidir bien, es vivir bien.

02 Si Dios sabe lo que me conviene, consultar con Él no será perder el tiempo.

03 No tengas una relación con Dios porque otro te la imponga, hazlo por decisión propia.

04 Una cosa es practicar los rituales de una religión y otra muy diferente es construir una relación con Dios. Puedes vivir la diferencia.

05 Consulta con Dios acerca de las grandes decisiones de tu vida, no pierdes, solo ganas.

06 No busques a cualquier persona para tomar decisiones adecuadas. Busca a los sabios, a los que están llenos de marcas, cicatrices y experiencias.

07 Tener padres es un privilegio y aceptar sus consejos hace mejor la vida.

08 Sabiduría para tomar decisiones correctas, no es algo que deben tener los otros, sino algo que debo practicar yo.

09 Si no sabes qué hacer, consulta con aquel que ya lo hizo, que ya pasó por allí.

10 Encerrarte en ti mismo es cerrarte al consejo saludable de otros que te aman y quieren lo mejor para ti. No te des ese lujo.

Capítulo 3

La importancia de la disciplina

Volando hacia Israel

Así fue como iniciamos nuestro vuelo desde Estambul, Turquía, a Tel Aviv. Mientras el capitán nos daba la bienvenida, y nos anunciaba que habíamos alcanzado los treinta mil pies de altura nos notificó que el viaje duraría una hora con cuarenta minutos, ya que el vuelo había iniciado veinte minutos antes. Así es un total de dos horas de vuelo.

—Tony —me dice Marcos— cada vez que lo escucho, quedo un tanto sorprendido porque todo lo que me está diciendo yo ya lo sé, pero nunca lo he aplicado —me dijo con cierta pena.

—Así es —le respondí—, la mayoría de las personas saben hacer lo correcto, pero tristemente no lo hacen. Saber no siempre es hacer, estimado Marcos. Recuerda que la clave para vivir bien esta vida no está en lo que sabes sino en hacerlo. Esto requiere ser disciplinado. Si tú te disciplinas a hacer cosas que sabes que debes de hacer sin importar si quieres hacerlas o no, tu vida será diferente...

¿Has visto hombre solícito en su trabajo?
Delante de los reyes estará;
No estará delante de los de baja condición.
Proverbios 22:29

¡Cuánta sabiduría hay en este consejo de Salomón! Ciertamente es muy necesario de atender y de poner en práctica. Muchos piensan erróneamente que tener contactos con gente de influencia o trabajar de sol a sol puede garantizar que se tenga éxito en aquellas cosas importantes que uno se propone alcanzar. Precisamente por eso es que Salomón deja en claro algo realmente determinante y estratégico. No se trata de tener dinero para hacer más dinero, tampoco de "haber tenido la suerte de pertenecer a una familia con riqueza" ni de haber terminado una maestría en negocios. Por supuesto, no niego que eso pudiera ayudar a lograr cosas importantes en la vida y que sea necesario trabajar para lograr progresar. Lo cierto es que hay una virtud, una habilidad que debe ser recuperada, aprendida y practicada, que si no está, todo lo demás puede venirse abajo y desaparecer. El sabio Salomón le llama "solicitud" o "ser solícito", o sea eficaz, activo, esmerado, atento, responsable, disciplinado. No es un consejo complicado y tampoco difícil de poner en práctica. Todo indica que la falta de solicitud o disciplina puede dar como resultado que no se logren cosas importantes o relevantes.

El hombre disciplinado

Este es un principio extraordinario. La historia da testimonio de miles que lo tuvieron todo y de la misma manera lo perdieron todo. ¿Por qué?, ¿cuál fue la razón? Simple, falta de disciplina. No fue resultado de la mala suerte, de la obra de un demonio, de la envidia de los demás, ni de un "no sé qué pasó". ¡No! Solo fue falta de disciplina en su trabajo, en sus esfuerzos. Su pregunta nos desafía. Da por sentado que hay cosas que suceden, aunque nosotros no las veamos. Una de esas cosas que suceden es esta: siempre que alguien sea disciplinado en su trabajo, obtendrá los resultados propios de eso y no obtendrá una cosa diferente. Siembras cebollas, obtienes cebollas. Siembras manzanas, obtienes manzanas. Siembras con disciplina, con responsabilidad, obtienes derecho de estar frente a reyes y poderosos. Son los que toman las decisiones del destino del mundo. La disciplina, según nos enseña Salomón, es una estrategia de paciencia y largo plazo que tarde o temprano te posiciona frente a reyes porque tu palabra y tu propuesta son dignas de ser tenidas en cuenta.

¿Qué es disciplina?

Algunas definiciones arrojarán luz sobre esto:

- "Una serie de normas de conducta".
- "Códigos de vida que las personas han decidido seguir".
- "Conjunto de reglas o normas cuyo cumplimiento de manera constante conducen a cierto resultado".

Teniendo en cuenta esta información, podemos entender mucho mejor lo que está proponiendo Salomón. Entre otras cosas, que la disciplina es, en primer lugar, entrenar la mente para que vaya incorporando otras formas de pensar las situaciones y así poner en práctica las actitudes correctas. La disciplina consta de por lo menos tres elementos:

- Es limpieza:

- Todo aquello que no se usa ocupa lugar. Todo aquello que ya no funciona altera el funcionamiento de una casa. Todo aquello que se usa debe ser limpiado. Eso es algo que todo el mundo sabe y practica. Se elimina lo que no sirve, hay residuos que por ser residuos no deben ser conservados, sino desechados. La limpieza crea y adecua nuevos espacios y de la misma forma deja en condiciones todo aquello que debe ser utilizado nuevamente.

- Cuando digo que la disciplina produce limpieza, estoy diciendo que empuja y obliga a la persona a reconocer los errores, lo que está mal, lo que no hizo bien, lo que ya no sirve y luego a desechar o cambiar la forma de hacerlo. Cuando no hay limpieza, hay culpa y hay detenimiento.

- Lo que ya no sirve sigue vigente y le hace creer a la persona que si está debe ser porque está bien.

- Es puntualidad:

- Este elemento de la disciplina no debiera ser ignorado. Por lo general las personas tienden a dos cosas: dejar para otro día lo que deben hacer en el momento y alentarse a sí mismos diciendo "ya voy a empezar", ¡y nunca empiezan! Eso hace que les dé lo mismo comenzar "el próximo lunes a las nueve de la mañana" como al otro día a las once de la noche. La falta de puntualidad es falta de responsabilidad. Por eso la disciplina ayuda a la persona a tener una mejor gestión del uso de su tiempo, lograr mayores y mejores resultados y dejar en claro que respeta el tiempo de los demás.

- Es orden:

- La falta de orden es un desorden. Si alguien se propone construir un proyecto a partir de información desordenada, el resultado no puede ser diferente a eso: un desorden. El orden es el arte de colocar cada cosa en su correspondiente lugar. Cuando cada cosa está en su lugar, funciona mejor. Por eso cada vez que hay desorden, lo primero que se hace es ordenarlo todo. La disciplina ayuda a la persona a ordenar sus prioridades, objetivos, esfuerzos y actividades.

Considerando tanto la importancia de estos tres elementos como el ponerlos en práctica, hace que la disciplina deje de ser una regla fría, insensible e injusta, porque nadie puede negar que los resultados son y serán simplemente increíbles. Así que tu decisión al compromiso te llevará a ser una persona disciplinada y eso a disfrutar de los resultados.

No disciplinarse

No disciplinarse también es una decisión. Sí, cada uno decide lo que quiera y hace lo que se le antoje. Pero el que se haga uso de esa “libertad para decidir” no significa que uno decida por las consecuencias que quisiera experimentar. Las consecuencias son lógicas, que resultan de los procedimientos que se lleven a cabo. No puedo poner mi mano sobre el fuego y decidir no quemarme. Esa decisión trae sus consecuencias, aunque yo grite y me niegue a aceptarla. Por ejemplo, si alguien no se ha disciplinado en cuanto a comer correctamente, a ingerir las porciones adecuadas y respetar los tiempos para hacerlo, el médico o alguien lo “disciplinará” a tomar pastillas cada cuatro o cada seis horas, a caminar tantos kilómetros por día y abstenerse de cierto tipo de comidas. La consecuencia de comer sin disciplina expone a otra consecuencia que se debe evitar, y es el quebranto de la salud y, la que es peor, la pérdida de la vida.

Por eso lo mejor es que cada uno de nosotros decidamos disciplinarnos, sino otro deberá hacerlo con nosotros. Recuerda, todo tiene sus consecuencias buenas y también malas. Disciplinarse o no disciplinarse tiene sus consecuencias, pero no olvides que la primera vale centavos y la segunda oro. Tú decides.

Tenerlo todo y no tener disciplina para administrarlo es correr el riesgo de perderlo todo.

LLAVES PARA VIVIR CON SABIDURÍA

01 Trabajo y disciplina no están enfrentados, se necesitan mutuamente.

02 No culpes al diablo o a la mala suerte, solo revisa si estás siendo disciplinado.

03 La disciplina (no los amigos) te para frente a reyes, poderosos e influyentes.

04 Disciplina no es improvisación, es continuidad.

05 Elimina lo que te hace perder mucho tiempo en tu plan de lograr cosas.

06 Mejora al máximo posible lo que tienes para utilizar en ese proceso.

07 Incorpora estrategias y modos nuevos que sean más efectivos para el logro de lo que te propones.

08 Ordena tu vida, ordenarás tus logros.

09 Puedes comer lo que quieras y cuanto quieras, pero no puedes quejarte por las consecuencias que esa falta de disciplina produzca.

10 Disciplinarse o no es una decisión. Tú decides.

Capítulo 4

Visión para vivir con sabiduría

Volando hacia Israel

—¡*Wow!* ¡Qué combinación de ejemplos me estás dando, Tony! Espero que no te incomode que esté tomando nota de todo lo que me dices, ya que una de las buenas cosas que me enseñaron en la universidad fue eso, tomar nota de las cosas importantes que uno va aprendiendo. ¿Habrá algo que me puedas aconsejar para mis próximos treinta años? ¿Qué haré? ¿Cómo lo haré? ¿Con quién lo haré?

Mientras Marcos me hacía estas preguntas, fuimos interrumpidos por la azafata para ofrecernos un aperitivo y una bebida europea, por cierto, muy rica. Reconozco que Marcos me sorprendió con esa pregunta, la cual todos debiéramos hacernos: ¿Dónde estaremos los próximos años de nuestra vida? Y toda esta conversación se me ha hecho muy importante.

—Marcos —le respondí—, me alegra saber que le das importancia a los consejos de este hombre mayor que ha vivido unas cuantas décadas de experiencias y visto un sinfín de cosas que al contarlas muchas de ellas serían difíciles de creer. —Y continué diciéndole—: Cuando uno llega a cierta edad lo que desea es encontrar a personas con hambre de aprender y dejar un legado en ellas.

—Tony —respondió él—, la alegría es mía, gracias por tomar de tu valioso tiempo y de tu sabiduría para ayudarme a vivir mejor la vida, ya que yo tenía un concepto diferente. Creía que la vida se debía vivir al día, sin importar lo que venga; sin embargo, veo que la vida se puede vivir bien, siempre y cuando seamos sabios para vivirla.

Donde no hay visión, el pueblo se desenfrena, pero bienaventurado es el que guarda la ley.
Proverbios 29:18

Ver y visionar no es lo mismo. Es maravilloso, un privilegio tener el don de la vista, observar el medio que nos rodea no es una cosa menor. Sería una pérdida de tiempo dar razones para demostrar la importancia de este sentido. Nos preocupa cuando no vemos bien, nos aterra el solo pensar que un día no podamos ver, por eso cuando por enfermedad o la razón que sea se pierde ese sentido, el dolor se hace insoportable. Ver es un milagro y debiéramos ser inmensamente agradecidos. No obstante, nuestra capacidad de ver no va más allá de lo que tenemos enfrente. Vemos nuestro entorno, sus paisajes, sus realidades, pero no más allá.

¿Qué es visión?

En cambio, tener visión es otra cosa. Es ver más allá de lo que otros ven y aun ver lo que otros no ven. Esto es revolucionario. Esos son los visionarios, por eso solo ellos pueden guiar a aquellos que no han visto todavía. Visión es esa capacidad de verse en cierto lugar más adelante en el tiempo. Esto aplica a una nación, una organización o una persona. La visión permite verse haciendo algo y logrando algo. Eso le da dirección segura al visionario. Lo “obliga” a organizarse de una forma determinada de modo que pueda aprovechar de la mejor forma posible sus recursos, sus capacidades. La visión no es para ti, es para compartirla con los demás. La visión tiene objetivos concretos por alcanzar y para eso establece la forma, las estrategias y las actividades que se llevarán a cabo para darle forma literal, concreta a eso que se está viendo. Por ejemplo, tienes la visión de ser médico cirujano, te ves ejerciendo esa profesión, ese es tu objetivo para alcanzar en los próximos siete años. Entonces para ello te organizas, planificas y te esfuerzas. Cuando te miras hacia adelante en el tiempo ¿cómo te ves?, ¿qué te ves haciendo? Define eso y habrás definido una visión para tu vida.

Salomón nos enseña sobre la visión y deja en claro que nadie debe despreciarla si quiere lograr cosas en su vida. La falta de visión no es una situación menor, para él es grave porque no solo no se alcanza un objetivo, sino que puedes terminar siendo y haciendo cualquier cosa. Eso queda claro cuando dice "el pueblo se desenfrena". Como ya hemos dicho "pueblo" es tanto una nación, como una organización o compañía, o un individuo. En todos los casos la visión es necesaria y tenerla o no hace a la gran diferencia.

Desorden, extravío, muerte

Será fundamental que no ignoremos lo que implica el desenfreno como consecuencia de no tener una visión, y para eso los sinónimos nos aportan mayor claridad: "desorden, extravío y muerte". El solo mencionar estas palabras nos debe llamar la atención. El riesgo de no tener una visión en la vida es algo que no debemos subestimar. Si no sé lo que quiero, cualquier cosa me vendrá bien. Si no sé a dónde voy, andaré perdido. Si no tengo una razón para luchar y vivir, el desenfreno puede hacer que pierda la vida.

La historia está llena de testimonios de naciones guiadas por líderes que no sabían hacia dónde guiarlas y ninguno de los resultados que se reportan tiene que ver con prosperidad y felicidad. No es feliz quien no sabe a dónde va, quien no tiene un destino, un camino, una razón para andar y vivir. Quien tiene una visión es un visionario. Como Martin Luther King, que vio la libertad como causa suprema de su vida y se entregó para que sea una realidad. Como el señor

Walt Disney, que cuando se inauguraron los emblemáticos parques que llevan su nombre él ya no estaba, había fallecido. Durante la apertura de uno de esos parques, uno de los arquitectos involucrado en el proyecto dio un discurso extraordinario. En un momento de sus palabras dijo: "Cuánto lamento que el señor Walt Disney no esté presente para ver la obra maestra que él había visionado". Entonces la viuda levantándose inmediatamente dijo: "Estimado joven, disculpe que interrumpa su extraordinario mensaje, pero mi marido sí vio lo que nosotros apenas estamos viendo. Somos nosotros quienes lo estamos viendo por primera vez, pero él ya lo había visionado, ya lo había visto". ¡Eso es visión!

Está claro que no conviene andar por la vida sin tener una visión. Por eso Salomón completa su consejo diciendo: "bienaventurado el que guarda la ley" o sea "feliz el que respeta una regla" en alusión a tener un plan y sujetarse a él. No es complicado de entender. Ciertamente lo más simple es entenderlo y lo más complicado es ponerlo en práctica. Por eso son miles en el mundo los que se mueven por improvisación, es decir hacen lo que va surgiendo en el camino, no hacen lo que deben hacer para lograr un objetivo. ¿Por qué?, porque no tienen objetivos.

Visión es organización

Algo fundamental de una visión son los elementos que la componen:

- Tiene objetivos

- Son las cosas que se proponen alcanzar, la razón por la cual se harán los esfuerzos correspondientes.
- Los objetivos te orientan, te guían.
- Es el destino o el lugar a donde quieres llegar.
- Tienen fecha de inicio y culminación. Deben ser claros, específicos y coherentes, es decir, alcanzables.

- Tiene metas

- Son espacios de tiempos cortos en que se pretende alcanzar una parte del objetivo general.

- El ejemplo del pastel. El objetivo general es comértelo todo. Las metas son cada una de las porciones en las que cortas el pastel. Cada porción que comes es una meta cumplida. Con la última porción, habrás alcanzado el objetivo general.

- Tu objetivo lo debes ir alcanzando poco a poco, meta tras meta.

- Tiene actividades

- Aunque parece obvio, las actividades aquí son esas que intencionalmente desarrollas para lograr tu objetivo.

- Activismo es "hacer lo mismo siempre, sin lograr resultados diferentes". Miles en el mundo son activistas, es decir "hacen, pero no logran" porque lo que hacen no está dirigido a lograr un resultado específico.

- Por ejemplo:
    - Objetivo general: voy a ser médico
    - Metas: aprobar cada materia del programa
    - Actividades: asistir a clases, hacer investigaciones, aprobar exámenes

- Requiere esfuerzo y trabajo

- Nada se logra por sí solo. Todo requiere esfuerzo y trabajo. No hay magia, hay trabajo.

- Lo maravilloso de tener una visión es que tus esfuerzos y tus trabajos están direccionados, por lo tanto las chances de lograr lo que te propones aumentan de manera exponencial.

Lo cierto es que la rueda ya se inventó, por lo tanto, ya no hay que inventarla. Busquemos a esas personas que ya alcanzaron lo que nosotros deseamos alcanzar, aquellos que ya lograron lo que nosotros deseamos lograr, consultemos con ellos, cómo hicieron para llegar a donde deseamos llegar nosotros. Hace tiempo miré una película en la que un hombre deseaba ser un gran empresario, así que consultó con otro empresario, el cual le dio una cita. Aquel hombre solo le hizo dos preguntas: "¿Qué estás haciendo?, ¿cómo lo estás haciendo?" Hay personas que van a venir a tu vida y van a querer truncar tus metas, pero otras serán parte de tu visión. Serán como un vehículo, te ayudarán y hasta acelerarán resultados para que alcances tu visión. Otras lamentablemente te van a estorbar. Cuando eso ocurra, con mucho amor y con mucho respeto, le tienes que decir "hazte a un lado, porque yo tengo un objetivo claro y lo tengo que lograr". Puedes ser un visionario y disfrutar los resultados de haber trabajado y haberte esforzado con amor, determinación y dirección.

Muchos ven, pero no todos visionan.

LLAVES PARA VIVIR CON SABIDURÍA

01 Debes tener una visión para tu vida, es decir una dirección y un objetivo por el cual vivir.

02 Si no vas detrás de una visión, iras detrás de cualquier cosa.

03 Si te propones lograr algo, no hagas lo que puedas, haz lo que debes.

04 Si no te propones objetivos específicos por alcanzar, quedarás atrapado en las redes de la improvisación.

05 Jamás lograrás nada solo pensando cómo hacerlo, debes hacerlo.

06 El visionario sabe hacia dónde se dirige, cómo dirigirse y con quién dirigirse, ¿eres visionario?

07 Cuídate de con quién viajas para lograr tus objetivos, no sea que ellos mismos te lo impidan.

08 Si tienes una visión, tus esfuerzos tendrán sentido y los resultados estarán garantizados.

09 No lo olvides, un visionario tiene objetivos para alcanzar, metas para lograr y actividades que desarrollar y trabajo por hacer.

10 Simple, si sabes hacia dónde vas, entonces allí llegarás.

Capítulo 5

La bendición de madrugar

Volando hacia Israel

El avión se empezó a menear de una manera diferente, al grado que Marcos casi derramó su bebida. Simultáneamente escuchamos al personal de abordo dar un anuncio a los pasajeros: "estamos dentro de una turbulencia que durará aproximadamente dos minutos". Honestamente fueron los dos minutos más largos de todo el vuelo. Un amigo que ha volado alrededor de todo el mundo me ha dicho que cuando existan turbulencias, yo debo enfocar mi mirada en el personal del vuelo, si ellos no se preocupan y siguen haciendo sus labores, esto significa que todo está bajo control. Así que yo buscaba al personal con mi mirada y solo vi a dos de ellos sentados en un asiento especial, con el cinturón bien puesto pero con una gran serenidad. Eso me ayudó a tranquilizarme, y entendí cómo depende del liderazgo el que haya calma aún en las turbulencias. Efectivamente el personal de abordo tenía todo bajo su control, ya que esto duró exactamente dos minutos. Después todo volvió a la normalidad. Marcos, ya un poco relajado, me dijo:

—Tony antes de que iniciara la turbulencia me estabas mencionando que la gente exitosa tiene el hábito de levantarse muy de mañana, pero ¿levantarse de madrugada es un gran desafío verdad?

—¡Oh sí, claro! Personalmente llevo alrededor de veinticinco años levantándome a las 4:30 am y en muchas de las ocasiones son apenas las 11:00 am y ya terminé casi con todas las actividades de mi día.

—¿4:30 am? Pero ¿por qué tan temprano? —expresó Marcos un poco impresionado por la hora en que me levanto—. ¿Qué te hace levantar tan temprano?, ¿qué te motiva o inspira a hacerlo?

Me quedé viendo a Marcos con esa mirada tan profunda y con el rostro sonriente, como expresándole que me alegraba que me hiciera pregunta.

—¡Mi relación con Dios Marcos, esa es mi gran inspiración! ¡Saber que conversaré con el Creador del universo! —le respondí—. Y no creas que es algo de poca importancia, porque hablando de disciplina, una de las cosas en las que debemos aprender a disciplinarnos es ¡a levantarnos temprano! ¡Sí! ¡Es difícil, duele, incomoda, pero todos los que lo hacen disfrutan algo que los que se levantan tarde nunca disfrutarán! Quizá digas: "ese no es un consejo tan profundo" y hasta creas que tienes razón, pero según cuándo y cómo comienzas el día, será cómo lo terminas. Los haraganes no saben nada de eso, por eso sus días no tienen sentido y sus logros son demasiado pocos…

Absolutamente todos han luchado muchas veces con eso de tener que levantarse temprano y no querer hacerlo porque el dormir es una experiencia demasiado buena. De allí el famoso "solo cinco minutos más", como si eso resolviera el asunto. Lo cierto es que se quiere "retardar" el levantarse para "descansar" otro rato. Más cierto es aun que cinco minutos o más o menos, no hacen la diferencia. ¡El asunto es que uno no quiere levantarse! Punto.

Yo amo a los que me aman, y me hallan
los que temprano me buscan.
Proverbios 8:17

Si levantarse es para algunos un problema, también lo es el tener que hacerlo muy temprano. Por lo general la tendencia es que la gran mayoría no se levante de madrugada. El día de muchos arranca por lo general a las 7 de la mañana y ya es toda una experiencia. El desafío se presenta cuando levantarse es algo que debo hacer de madrugada, es decir entre las 4 y las 6 de la mañana, por lo menos. Por supuesto que no habrá problema con eso, en tanto sea algo esporádico o excepcional. El asunto es que ese horario ya sea parte del estilo de vida de una persona.

El hábito de buscarlo temprano

Es muy significativo lo que dice Dios respecto de los que le buscan. Noten por favor la descripción que hace en cuanto a cuándo lo buscan. Todo queda atado al amor que la persona tenga por Dios. Si lo ama, entonces lo buscará desde temprano. Esta afirmación tiene poco de religiosa o de mística. Tiene que ver con el amor y no con el horario. En otras palabras, no hay horario para un enamorado para ver a quien lo enamoró. ¿Has visto a los enamorados?, para ellos no hay horario más o menos adecuado. Para ellos solo existe el amor y por ese amor no tienen problema de verse de mañana, de tarde, de noche o de madrugada. Si el "buscar a Dios" carece del amor por el cual hay que buscarlo, todo se reducirá a una experiencia religiosa, ritual, aburrida y bastante hueca. Pero si hay amor por Dios, habrá interés de estar con Él. Ese interés se mostrará en cualquier hora del día, mayormente bien temprano en la mañana.

Ahora bien, si el amar a Dios provoca buscarlo o querer estar con Él desde bien temprano, la reacción de Dios a esa decisión y actitud no es menor. El texto dice que Dios ama a los que lo aman, es decir corresponde de la misma forma y aún más a ese sentimiento, mucho más todavía cuando desde muy temprano la persona quiere compartir tiempo con Él. Nada halaga más al enamorado, que su enamorada quiera pasar tiempo con él. Así son las cosas, la cantidad de tiempo que paso con una persona es directamente proporcional a cuánto la amo. Buscarlo desde temprano o en la madrugada debe ser un hábito, como debe ser el de amar a alguien y querer estar siempre con él. Según la Real Academia Española un hábito es:

- "Modo especial de proceder o conducirse adquirido por repetición de actos semejantes, u originado por tendencias instintivas."

Esto es maravilloso. Podemos llegar a tener el hábito, la costumbre de levantarnos a la madrugada para estar con Dios. No es imposible. Basta amarlo de corazón y por ese amor, tomar la decisión. Buscar a Dios en la madrugada puede llegar a ser algo habitual, como es habitual en muchos el buscarlo cada vez que tienen un problema o cada vez que pueden o quieren ir a un templo. Somos personas de hábitos, eso es un secreto poderoso y extraordinario para todos aquellos que se levantan muy temprano.

Para que tu día sea efectivamente aprovechado, deberías tener el hábito de levantarte bien temprano. Una cosa es decir "mañana me levantaré temprano" que decir "me iré a dormir, porque mañana me levantaré muy temprano"; el primero es excepcional, el segundo es un hábito. Si haces muchas cosas durante el día, al final no solo estarás cansado, sino estresado y con ganas de dejarlo todo. Revisa a qué hora te levantas, es posible que tu día comience tarde y apurado.

Levantándose muy de mañana

Jesucristo tenía el hábito de levantarse muy temprano, así lo refleja la Biblia cuando dice "levantándose muy de mañana, siendo aún muy oscuro, se iba a un lugar desierto y allí oraba". Sí, el Señor Jesucristo se levantaba muy de madrugada. Pero el detalle aquí no es que se levantaba cuando estaba oscuro para orar y luego continuaba el resto del día haciendo lo mismo. No. Nos está dejando en claro que esa era una disciplina de vida, gracias a la cual no solo comenzaba alimentando su espíritu por haber orado a Dios, sino que con tiempo planificaba lo que haría a lo largo de ese día. Levantarse muy de mañana hace posible que se dedique algún tiempo importante a hacer planes, a decidir las actividades, lo cual evita tener que ir decidiendo por ellas a mitad del día. La madrugada ofrece algo que el ruido del día no puede dar. Paz. Sí, es la tranquilidad gracias a la cual uno puede “pensar” su día sin apuros y decidir las acciones en el desarrollo de esa jornada.

De madrugada, ese es el secreto

Diez de los hombres más exitosos que han existido en la historia han declarado que buena parte de su secreto para lograr lo que lograron, está en levantarse bien de madrugada. Descubrieron que el tiempo les rinde más, la efectividad es mayor y la satisfacción no tiene límites. Se cree que a aquellas personas que se levantan entre las 4 y las 5 de la mañana, su día les rinde el doble de lo que a una persona que se levanta a las 9 o a las 10 de la mañana. No es una cuestión mágica, es simplemente tener mejor y mayor tiempo para pensar el día. Es así como todos los que se levanten de madrugada deben tener una razón, un porqué y una motivación.

Organiza tu día de tal modo que poco a poco vayas cambiando tus hábitos, entre ellos el del horario en que te levantarás para comenzar tu día. Ve de menor a mayor, pero introduce cambios en tus horarios para levantarte. Proponte objetivos bien claros. Debes saber de dónde vienes y hacia dónde te diriges. Es que, si no sabes el punto desde dónde debes iniciar, menos sabrás dónde debes llegar, por lo tanto, te dará lo mismo a qué hora debas levantarte o lo que es peor ¡si debes levantare! No debes levantarte porque no debes seguir durmiendo, sino que debes levantarte porque tienes una razón por la cual desde muy temprano deberás abandonar tu hermosa cama.

Todos, absolutamente todos, tenemos las mismas veinticuatro horas del día, para hacer lo que nos propongamos hacer o para dormir todo el día. No hay posibilidades de aumentar las horas que tenemos disponibles durante cada día. Lo que sí podemos hacer es aumentar la calidad de lo que hacemos, la efectividad y la excelencia con que lo hacemos, para lo cual el aprovechar al máximo cada día no debe ser una opción, sino una poderosa obligación. Así las cosas, el despertarse y levantarse de madrugada puede y debe ser un hábito, una práctica personal, diaria, intencional, que traerá beneficios importantes para quien así decide vivir cada uno de sus días. Levántate temprano y los beneficios te alcanzarán o sigue durmiendo todo lo que puedas y notarás que no habrá beneficios que puedas contar y disfrutar.

Quien aprovecha al máximo su día, aumentará sus chances de ser más efectivo en lo que trabaja.

LLAVES PARA VIVIR CON SABIDURÍA

01 Levántate temprano, aunque no quieras hacerlo.

02 No te levantes temprano "de vez en cuando", hazlo como un estilo de vida.

03 Tu hora para levantarte es directamente proporcional a cuánto amas aquello por lo cual te levantas.

04 Quien tarde se levante, rápido y apurado vivirá su día.

05 Si hay un hábito que debes cambiar, es el de levantarte tarde y apurado por uno donde te levantes tranquilo y temprano.

06 No te levantes para no seguir durmiendo, levántate porque debes hacer algo trascendente en tu día.

07 No se trata de que te sobren o falten horas en el día, sino de que sepas qué hacer con ellas.

08 Organiza tu día de modo que lo comiences bien temprano.

09 Traza un plan diario de actividades, aumentarás tu efectividad.

10 Prueba de madrugada reunirte con Dios, tu día se verá maravillosamente bendecido.

Capítulo 6

Sabiduría para avanzar a otro nivel

Volando hacia Israel

Así es que nuestra conversación continuó, adentrándose en los grandes temas de la vida. Por eso le dije:

—Es importante saber que al tener una visión de mi vida puedo ver tres facetas en ella. Primera, visión a corto plazo; segunda, visión a mediano plazo; y tercera, visión a largo plazo. No es muy complicado ver la vida de esa forma, por el contrario, me la simplifica y la hace más efectiva. Por eso ahora voy detrás del logro de objetivos específicos. Es como caminar pero sin una venda en mis ojos, sé a dónde voy, y por eso en ocasiones sabré a qué decir sí y a qué decir que no. Es decir que le diré que sí a toda propuesta que esté de acuerdo con mi objetivo porque eso me ayudará a alcanzarlo, pero si me aleja de él, por muy buena que sea la oferta, simplemente le diré que no.

—*¡Wow!*—dijo Marcos—. Este es un principio extraordinario. Hablar contigo inspira a vivir con esa sabiduría que me lleva a otro nivel.

—Así es Marcos —respondí—, encontrar personas que te ayuden a abrir tu mente, tu entendimiento, te traerá maravillosas recompensas.

Los niños son niños, por eso necesitan del consejo de sus padres. No solo requieren ser alimentados y protegidos, sino que también y con la misma profunda necesidad, ser aconsejados. Desde temprana edad el ser humano se ve en la necesidad de oír a otro que le diga cómo se hacen ciertas cosas, qué es lo conveniente y qué no lo es. Qué hace bien o qué puede hacer mal. Consejo. Nacemos aprendices, necesitamos expertos. Nacemos discípulos, necesitamos maestros. Todos en el mundo necesitan uno y hasta mil consejos. No hay edad, no hay cultura, ni nivel diferente de ninguna clase que deje a alguien sin esa necesidad.

Donde no hay dirección sabia, caerá el pueblo; Mas en la multitud de consejeros hay seguridad.
Proverbios 11:14

Quizás el mundo está como está por no querer oír consejos o, en todo caso, por oír los consejos inadecuados. Las preguntas más habituales del hombre y la mujer son: ¿y ahora qué hago?, ¿cómo salgo de esto?, ¿cómo sigue mi vida de ahora en más? Preguntas que denuncian una sola cosa: se necesita a alguien que dé respuestas, a alguien que dé un consejo. Así es, el consejo no es algo ocasional ni un lujo que alguien se puede dar, es una necesidad diaria, vital y, aun, urgente. Que alguien no quiera recibirlo, no significa que no lo necesite. Por eso no temas utilizar los recursos y fortalezas que bien pueden proveerte los demás. La rueda ya se inventó, no hace falta reinventarla.

Dirección sabia

No podía ser más acertado Salomón al darnos esta advertencia: si no hay una dirección sabia, caerá el pueblo. Está claro que el destino de un pueblo, de una nación, descansa en los hombros de cada uno de los que lo integran, pero principalmente en los de aquellos que los lideran. Esos líderes, entre todas las cosas que deben hacer en favor del pueblo que presiden, es la de guiarlo hacia un destino de grandeza, a una convivencia en paz, a una realidad de realización y progreso. Si debiéramos buscar razones de por qué buena parte de las naciones de la Tierra sufren y no avanzan, nos sorprenderíamos al descubrir que en gran parte la responsabilidad está en sus líderes, más precisamente en la dirección poco sabia que ellos practican con el pueblo que está bajo su liderazgo. Están en la posición de líderes, pero no lideran sabiamente. No parece ser algo difícil de entender. Unos dirigen o presiden y otros siguen esa dirección. El resultado obtenido dirá si el consejo fue bueno o malo. El dar una indicación incorrecta a alguien tiene altas chances de que la persona ponga en práctica lo que le fue indicado. El problema es que pasará cierto tiempo hasta comprobar que la instrucción fue errónea. Habrá perdido tiempo valioso de su vida y hasta quizás haya sufrido pérdidas que no se pueden recuperar y heridas que costarán sanar. Por eso, no hables por hablar. Una de las personas más sabias que yo he conocido fue uno de mis profesores en la universidad. Él escribía en hebreo con la misma facilidad que lo hacía en inglés y español. Sin embargo, cuando le hacíamos una pregunta nos decía: "No sé". Sin duda alguna esa es también una respuesta muy sabia, ¡mi profesor no hablaba por hablar!

Multitud de consejeros

Si un pueblo cae o fracasa entre varias razones, hay una bien concreta: la dirección ha sido errada. ¿Por qué fue una dirección errada?, porque fue dada por una sola persona, la cual creyéndose autosuficiente, única y capacitada para darla, no salió a buscar consejo en un grupo selecto de consejeros. La soberbia del líder puede hacer estragos en una nación entera y hacerla sucumbir. La ecuación es simple de entender y de practicar: a mayor cantidad de consejeros, mayor sabiduría; por lo tanto, menores chances de fracasar. De la misma forma funciona a la inversa: a menor cantidad de consejeros, menor sabiduría; por lo tanto, mayores chances de fracasar. Ninguno de nosotros al iniciar un proyecto profesional o personal queremos fracasar. Ninguno. Queremos que el negocio marche bien y llegue a buen destino. Pero, así y todo, las estadísticas son frías y duras al respecto. El 70% de los proyectos iniciados colapsan luego del primer año. Así es en los negocios y también en una institución tan especial como el matrimonio. Los esposos desean ser felices para toda la vida, ¿quién no? Sin embargo, se habla de que un 50% de personas casadas terminarán en divorcio. ¿Cuál es la razón de este tipo de desenlaces? Salomón nos da una respuesta: falta de consejeros y de consejos adecuados. Precisamente por esa razón puede fracasar una nación. Todos y cada uno de nosotros necesitamos de personas sabias, de expertos en la materia en la que nos toque tomar decisiones.

Será importante no olvidar que:
Consejo es:

- "Parecer que se expresa a alguien para ayudar en una toma de decisión determinada".

Consejeros son:

- "Un conjunto de personas autorizadas por sus vivencias y preparación, para asesorar y liderar una organización o personas determinadas".

De eso está hablando Salomón, de recibir consejo por parte de un número determinado de gente sabia, experimentada y preparada. Cuando consultamos a estas personas antes de iniciar un negocio o de contraer matrimonio, los riesgos de fracaso y error son visiblemente reducidos y por lo tanto las chances de éxito aumentan de manera contundente y hasta exponencial. Para pedir consejo se necesita solo la humildad de reconocer que uno no lo sabe todo, y que otra persona sabe más que nosotros en ese asunto. Sabe más por preparación y por experiencia. Ya pasó por esa estación de la vida. No hay mejor muestra de madurez y grandeza que pedirle a alguien capacitado nos dé una orientación, nos dé su parecer, nos cuente su experiencia para de ese modo aumentar nosotros la cantidad de recursos o herramientas que tenemos a disposición para tomar decisiones correctas.

Es más probable que uno se equivoque y es menos probable que varios corran con la misma suerte. Consultar a los expertos no significa que ellos decidan por uno, sino que su experiencia nos ayuda a nosotros a decidir con seguridad y tranquilidad. Eso propone Salomón que hagamos para que nos vaya bien en todo lo que emprendamos.

Busca consejeros

Se cuenta la historia de un niño que le decía a su padre: "Papá, ya no puedo levantar esta piedra, me estoy esforzando al máximo". "¡Hijo, sí, tú puedes, levántala con todas tus fuerzas!", lo animó su padre. Entonces el niño se sonrojó y volvió a decir: "Papá, estoy utilizando todas mis fuerzas". Su padre se le quedó viendo con una sonrisa y le explicó: "Hijo, no, no has utilizado todas tus fuerzas aun, pues mis fuerzas son tus fuerzas y no me has pedido ayuda". ¡Increíble! El padre era la fuerza de su hijo, solo había que pedírsela. ¿A qué me refiero? A que todos y cada uno de nosotros conocemos a personas que ya llegaron donde nosotros queremos llegar, ya lograron lo que nosotros queremos lograr, ya alcanzaron lo que nosotros queremos alcanzar. Debemos ser sabios y buscar a esos consejeros o consultores. Son los expertos que nos ayudarán a triunfar. Pero no busques a cualquier persona, busca a quienes inspiren confianza y ciertamente sepan del asunto. Seguramente has conocido personas brillantes, inteligentes, que fracasaron ya que buscaron a la persona incorrecta a que les diera consejería, a que les advirtiera o enseñara qué hacer. Esto debiera ser una oración constante a Dios. Que Él nos muestre a aquellas personas que vamos a seleccionar para que sean parte de nuestra vida, nuestro negocio. Sabiduría es tanto reconocer que necesito consejeros como saber elegir cuáles de todos serán para que me ayuden a llegar a otro nivel de desarrollo.

No debes quedarte siempre en el mismo lugar, puedes ir más alto, puedes llegar más lejos.

LLAVES PARA VIVIR CON SABIDURÍA

01 Todos necesitamos consejos, incluido tú.

02 Que afirmes con todas tus fuerzas que no necesitas un consejo, no significa que no lo estés necesitando.

03 Para llevar a cualquier persona a su bienestar es necesario darle una dirección sabia. El asunto es que esa persona quiera recibirla.

04 Un problema grave en tu vida es la soberbia. Ella no te permite recibir un consejo.

05 Pedir consejo no es una señal de inmadurez ni de ineficacia. Todo lo contrario.

06 No preguntes a cualquiera. Pregunta a los que saben, a los que ya pasaron por donde tú estás.

07 El éxito visible de muchos se construyó en secreto, ¿de qué forma? Pidieron consejo en silencio a personas sabias.

08 Necesitas sabiduría para elegir correctamente a quienes serán tus consejeros.

09 Montado en el caballo de tu autosuficiencia, nadie podrá darte un consejo.

10 Si para llegar a un lugar desconocido preguntas, para llegar a la cumbre de tus logros no debieras dejar de hacer lo mismo.

Capítulo 7

Sabiduría para vivir y morir

Volando hacia Israel

El tiempo volaba al igual que nosotros, mientras disfrutábamos de una excelente conversación, también disfrutábamos de la maravillosa creación de Dios, las montañas, los collados y las nubes esparciéndose y formando figuras como de algodón. Ya el avión había descendido y se alcanzaba a ver cómo el cielo se unía con la tierra. Las nubes parecían coquetear con el océano y nosotros continuábamos de un tema a otro. Por eso dije así:

—Marcos, vamos poco a poco. Soy consejero y me dedico a enseñarle a la gente a vivir mejor en esta vida.

—Disculpe Tony, usted habla como si existieran otras vidas.

—Sí, efectivamente así es Marcos. Puedes creer con toda seguridad que hay vida después de la muerte.

—¿Podría explicarme a qué se refiere? —me pidió inquieto Marcos.

—Desde luego que sí —le respondí—, después de todo, es parte de mi trabajo y disfruto el hacerlo, especialmente con personas que tienen ganas de aprender, así como tú.

Ya he dicho que vivir no solo consiste en respirar, sino en darle razón y propósito a esos respiros. Me he dado cuenta de que por lo general pensar que la vida se acabará un día, no es ejercicio de los más jóvenes, sino de los que ya son bastante mayores. No estoy diciendo que eso esté bien, pero habitualmente sucede así. Por supuesto que lo ideal es que todos y cada uno tengamos conciencia de que un día habremos de morir, pero esa es una realidad que se evita por lo menos, de pensarla. Es que no resulta muy feliz eso de andar pensando que todo se acabará un día. Por eso, mientras menos se mencione la idea de morir, no solo será mejor, sino que también la definición de felicidad será más plena para algunos. Así es, mientras unos reconocen lo transitorio de la vida y otros la ignoran por decisión propia, la vida continúa y a todos, sin preguntarnos la opinión, nos va sumando años, años y más años; y así seguirá haciéndolo hasta que un día la muerte nos arranque de la vida y seamos solo un recuerdo.

El sabio tiene presente la muerte;
el necio solo piensa en la diversión.
Eclesiastés 7:4

El sabio entiende

Salomón lo dice con total claridad: el sabio tiene presente la muerte. Es decir, sabe que no vivirá para siempre. Entiende la fragilidad y la transitoriedad de su vida. Reconoce que hay "una fecha de vencimiento", por eso no se permite vivir como sea y haciendo lo que se le ocurra. Es sabio, por eso no solo disfrutará su vida al máximo, sino que le dará dirección y cumplirá las responsabilidades que le tocan para no solo ser feliz él, sino hacer feliz a los suyos, de modo que cuando la muerte venga por él, haya dejado una marca, una influencia, un modelo, un legado de vida. La realidad es que hoy pisamos tierra, sin embargo, un día ella caerá sobre nosotros.

El que tenga presente la muerte no quiere decir que viva asustado, con miedos a la muerte que lo acechan como en una película de terror. No, no dice eso el texto. El énfasis está puesto en la responsabilidad de vivir cada día con la convicción de que puede ser el último. Eso ciertamente es sabiduría, porque hace que uno no tenga cuentas pendientes de ninguna clase y que aproveche al máximo los días que tiene sobre la faz de la tierra. Un sentido de responsabilidad y disfrute se combinan en el pensamiento de un sabio. Es decir, que mientras cumple con sus responsabilidades, simultáneamente disfruta ese y todos los procesos. Ciertamente sabrás de miles en el mundo que no se cansan de trabajar, trabajar y trabajar por lo que no disfrutan. Otros que disfrutan tanto que no trabajan. Y otros que trabajan, no disfrutan y tampoco progresan o avanzan. Son tres situaciones inconvenientes. Por eso, el sabio piensa, razona, decide y planifica. El sabio dice: Trabajaré lo que sea necesario, pero de modo que no deje de disfrutar la vida y de progresar en todo lo que me proponga.

El necio se divierte

No es nuevo eso de que disfrutar es divertirse. De hecho, en un sentido, divertirse o disfrutar debe formar parte de la experiencia de vivir. El problema se presenta cuando se concibe a la vida solo como una oportunidad para la diversión. Algo así como “para eso nací”. Salomón, así como dice una cosa, también dice la otra: el necio solo piensa en divertirse. Esta afirmación reconoce dos realidades muy duras: la primera es el “solo piensa”, o sea solo planifica, solo busca seguir divirtiéndose. Según Salomón eso es necedad. ¿Por qué? Porque la persona se olvida (o lo sabe y lo niega) que un día, en cualquier momento podrá morirse. Aquí diversión no es jugar en el parque con los hijos, no. Es fiesta, es juerga, es todo lo que se le venga en ganas hacer y que le dé placer. El necio quiso divertirse, por eso no construyó relaciones significativas, no consolidó una familia, no fue estable en su matrimonio, razones por las cuales, entre otras, no fue modelo de vida, influencia para nadie ni mucho menos dejó un legado a sus generaciones. Solo dejó un recuerdo: “el que se pasaba la vida de juerga” o “el irresponsable que nunca se tomaba en serio nada” o “y sí, era de esperarse que muriera así, porque así vivía”. Necedad es pensar que viviremos para siempre y que mañana tendremos tiempo de hacer lo que ahora no hacemos, porque hemos decidido seguir de fiesta.

Tres cosas

Sí, la vida consta de tres cosas: nacer, ser y morir. ¿Sabes? El ser humano no pide nacer, no sabe vivir y no quiere morir. No es contradicción, así es. Un día aparece en la vida en medio de una familia. Luego debe resolver quién es y cuando descubre que hay que morir, por supuesto no quiere que tal cosa suceda. Ese es el todo de la vida. ¿Te ha sucedido alguna vez que te preguntaste por qué vives, para qué vives y hasta cuándo vives? No eres el único, todos hacemos ese ejercicio de preguntas y reflexiones. Algunos le llaman a eso "crisis existenciales" pero lo cierto es que más allá de cómo se las identifique, todos pasamos por ese momento. Precisamente en esa circunstancia tan especial, la persona sabia resuelve esto con cierta rapidez. Sabe que no pidió nacer y que ya nació. No se queja por eso. Sabe que tiene un nombre que otros le pusieron, pero se dedica a saber quién es en verdad y lo resuelve. También sabe que un día va a morir y no se complica la vida por eso, por el contrario, decide vivir cada día como si fuera el último, con responsabilidad, con sentido de progreso y con la decisión de disfrutar el proceso.

Se cuenta que Alejandro el Grande, luego de haber conquistado buena parte del mundo, dijo algo interesante a sus oficiales cuando estaba cerca del momento de morir. Él dijo: "El día que yo muera quiero que por favor mi ataúd sea llevado por los cuatro mejores médicos de este mundo. También, que toda la riqueza que yo conquiste la vayan tirando en el camino, y finalmente que mis manos vayan colgando sobre el ataúd". A semejante pedido sus colaboradores le preguntaron: "¿Por qué quieres que se cumplan esos deseos?". A lo que él respondió: "Quiero que la gente sepa que ante la muerte ni los mejores médicos pueden hacer algo, que todo lo que conquistamos aquí en la tierra, aquí se quedará y sepa que nosotros venimos con las manos vacías y con las manos vacías nos vamos de aquí".

Por eso, lo importante a la hora de definir la vida es que no se trata de los pasos que estamos dando, sino de las huellas que vamos dejando. Si alguna vez fuiste a un funeral recordarás que por lo general se dice algo así: "Hoy estamos despidiendo a esta persona, pero algún día te despediremos a ti". En efecto, así es y así será. La familia llorará nuestra partida, allí nos darán el último adiós y luego una carroza nos llevará al cementerio y la vida se habrá acabado.

No se trata de vivir la vida, sino de vivirla bien. Sí, muchos la viven mal. Sus estilos de vida les hacen daño, su salud se malgasta y maltrata. Obligan a sus cuerpos a practicar y soportar hábitos, costumbres estresantes y dañinas, sumado a vicios esclavizantes y nocivos. No puedes promover formas de vivir que claramente acortan los años de vida y los convierten en sufrimientos, en dolor más que en disfrute y progreso. ¿Cómo estás viviendo? ¿Eres sabio o necio? Es una pregunta que todos deben responder.

La vida es para vivirla y no para sobrevivirla.

LLAVES PARA VIVIR CON SABIDURÍA

01 Piensa cómo disfrutar tu vida, pero sin olvidar que llegará a su fin un día.

02 No olvidarlo te hará bien: la tierra que hoy pisas es la misma que caerá sobre ti mañana.

03 Si hoy fuera tu último día de vida, no lo pierdas tratando de arreglar asuntos que tuviste que arreglar en los días pasados.

04 Un día cánsate de tanto trabajar, pero jamás de disfrutar.

05 Mientras disfrutas la vida con los tuyos, hazte también un tiempo para trabajar.

06 No solo des pasos, esfuérzate por dejar huellas.

07 Hay estilos de vida que van matando el cuerpo mucho antes de que literalmente se muera.

08 No puedes vivir la vida creyendo que nunca llegará la muerte.

09 Con nada viniste al mundo, con nada te irás de él.

10 Vive de tal modo que inspires a otros, de modo que sin que tú lo sepas quieran ser como tú.

Capítulo 8

Las prioridades en la vida

Volando hacia Israel

Continuábamos con nuestro vuelo, cuando alguien de la tripulación anunció que estábamos a unos quince minutos de aterrizar en Tierra Santa ¡Sí, en la nación de Israel! No puedo negar que aunque he estado en reiteradas ocasiones allí, no deja de emocionarme el saber que pisaré nuevamente algunos lugares que sellaron las huellas del Mesías. Era notorio que Marcos quería aprender, pero siempre un rasgo de inquietud lo dominaba, por lo que lo animé diciendo:

—Marcos, no te desesperes, aun eres muy joven. Tienes toda una vida por delante, todo es cuestión de poner tus prioridades en orden.

—¿Prioridades? —dijo él—. Yo las tengo en orden.
Y comenzó a enumerarlas:

—Salir adelante, especializarme en mi profesión, tener una familia que me entienda, que me apoye y que me empuje a salir adelante.

—No, Marcos —le respondí- la vida no solo se trata de ti, también debes de pensar en los demás.

—Y en mí quién piensa? —replicó como defendiéndose y no pudiendo ocultar ahora algunos gestos de enojo.

—Entiendo tu reacción —le dije—, y también tu descontento con la vida, pero solo debes recordar que aunque la vida es dura, Dios creó al ser humano más duro que la vida. Nos ha dado las herramientas necesarias para enfrentarla, triunfar y poder vivir bien. Te diré cuál es el diseño de las prioridades del ser humano.

Caos, desorden, confusión e indecisión son palabras de una misma realidad: falta de prioridades. Dos grandes grupos se ven en el mundo, los que viven el día, haciendo lo que se les presente hacer y los que planifican y se esfuerzan por cumplir lo que asimismo se obligan. Aunque puede haber cierta polémica por todo esto, lo cierto es que los resultados obtenidos por quienes se organizan son mayores y mejores que los que consiguen aquellos que viven al día. Me parece que será muy positivo establecer la diferencia entre dos grandes palabras que a la vez representan dos grandes realidades:

- **Improvisación:** "Realización de algo que no estaba preparado o planificado".

- **Planificación:** "Ordenamiento intencional de las acciones que se llevarán a cabo para producir un determinado resultado".

Existen aquellos que no preparan su día, tampoco su mes, su año, ni mucho menos sus próximos cinco años de vida. Por eso irán viviendo el día a día, pero encontrándose con sucesos inesperados por lo que inevitablemente tendrán más sustos y sorpresas desagradables que disfrute de todo el proceso. Pero también existen aquellos que preparan, organizan sus actividades y lo hacen en función de lo que quieren lograr en ese día, ese mes, ese año o los próximos cinco años. Por supuesto disfrutar el proceso y alcanzar lo que se proponen será una merecida recompensa.

Sin prioridades

¿Sabías que muchas personas pierden su salud por ganar dinero y después pierden el dinero para recuperar su salud? ¡Increíble! Mucha gente vive como si nunca fuera a morir y lo doloroso es que muchos mueren como si nunca hubieran vivido. Esto es un problema real, que tiene su inicio en qué quieren lograr y por qué lo quieren lograr. Como lo único que quieren es "hacer dinero" y ese es su gran objetivo, olvidándose y aun destruyendo otras realidades mucho más trascendentes e importantes que el mero hecho de tener riqueza.

Prioridad es "una cosa que es más importante que otra, por lo cual será atendida en primer lugar". De eso se trata, de definir qué es lo primero. Qué ocupa el primer lugar en nuestra vida. A qué se le dará la mayor importancia y por eso la mayor y primera atención. Por duro que parezca, si "ganar dinero" es lo primero para mí, entonces estar con mi familia no lo es. Eso traerá consecuencias. Una de ellas posiblemente sea que tendré mucho dinero, pero habré perdido mi familia.

Amarás al Señor tu Dios con todo tu corazón, y con toda tu alma, y con toda tu mente y con todas tus fuerzas. Este es el principal mandamiento.
Marcos 12:30

Primero Dios

Muchos de los problemas que existen hoy en día se producen porque la gran mayoría de los seres humanos no tiene sus prioridades en orden. Lo primero está cuarto, lo decimo está primero y lo que es realmente importante en muchos casos, ni figura en las prioridades. Debes tener una lista de prioridades para no solo armar tu vida, sino también para vivirla y disfrutar el proceso de vivirla. No se trata de hacer "lo que venga o aparezca", sino de ser intencionales, es decir de planificar la vida a partir de un orden de las cosas que realmente son las más importantes y a las cuales les dedicaré calidad y cantidad de tiempo. No se coloca primero el techo, sino el fundamento. Aunque nadie discutiría eso jamás, lo cierto es que en la vida andan muchos que, para las cosas más importantes de su vida, primero colocan el techo y luego tratan de ver cómo poner el fundamento. El problema son las prioridades. ¿Qué es lo primero en tu vida? ¿Cuáles son las prioridades que deberías colocar? Aun cuando es posible que muchos seres humanos sencillamente no crean en Dios o no quieran saber nada con Él, lo cierto es que más allá de ese sentir, somos muchos los que sí creemos en Él y hemos decidido hacerlo parte fundamental de nuestros proyectos de vida. Esto no tiene que ver con cultos, rituales o religión de fin de semana, sino de nuestra vida como un todo. Por eso no puedo dejar de recomendar que Él sea el primero, el número uno en tu vida. En una ocasión le preguntaron a Jesucristo cuál es el más grande mandamiento –o lo primero que debemos tener en cuenta y hacer–, entonces Él dijo: "Amarás al Señor tu Dios con todo tu corazón, con toda tu alma, con toda tu mente y con todas tus fuerzas". Aquí amar es priorizar, por eso tal cosa debe hacerse "de todo corazón, toda el alma, toda la mente y todas las fuerzas". Es decir, la persona integralmente, con todo lo que es y tiene, debe amar a Dios, debe ponerlo en primer lugar. Es que así debe ser. No se trata de enviar una "donación" para hacer algo por Dios o alguna causa noble y decir que tengo una relación con Dios. Yo no amo a mi esposa con mi corazón pero no con mi mente, es ilógico. La amo con todo lo que soy, represento y tengo.

Tú y tu familia

Así es y debe ser con Dios. Así en el orden de prioridades, primero es Dios, luego tú. Eso no es ser egoísta ni egocéntrico. Es prioridad. Si no te cuidas tú, no tendrás salud para cuidar a tu familia. Si tú estás bien, tu familia estará bien. Por eso cuida tu cuerpo, tu alma, tu espíritu porque recuerda que somos tripartitos. Si en lo físico, espiritual y psicológico estás bien, los tuyos estarán bien. Primero, Dios. Segundo, tú. Tercero, tu familia. Cuarto, tu trabajo. Muchas personas viven desordenadamente porque sus prioridades están desordenadas. Ponen su trabajo en primero lugar, y aunque es bueno trabajar, producen un desbalance desatendiendo sus familias. No puedes pasarte la vida trabajando, trabajando y trabajando y querer ser feliz con una familia que no atiendes. No hay ningún exceso que sea bueno, todos son malos. Cuando murió John Rockefeller, uno de los hombres más ricos de la historia, le preguntaron a su esposa cuánto dinero había dejado él, a lo que ella respondió "todo, lo dejó todo", queriendo decir que de todo el dinero que había hecho en vida no pudo llevarse absolutamente nada. Lamentablemente son muchos los que por trabajar excesivamente pierden los mejores momentos con su familia.

Hubo un hombre que vivía trabajando como comerciante. Lo hacía continuamente, al punto que trabajaba en los momentos más significativos de su familia como cumpleaños, aniversarios, navidades, año nuevo. Él decía que en esos días era cuando más vendía su negocio. Terminó su vida enfermo, gastando todo lo que había ganado en mil intentos de recuperar su salud; pero no pudo, lamentablemente murió. Dejó muy poco de lo que había ganado porque lo gastó tratando de no morir enfermo y su familia heredó el dolor de no haberlo tenido en vida de otra manera para disfrutar juntos como familia.

Saber vivir la vida

Por eso es muy importante que nosotros sepamos vivir la vida. No se trata de caminar sino de dejar huellas mientras caminas. Quiero decir con esto que debemos darle sentido a los respiros que estamos respirando todo el tiempo. Recuerdo aquella ocasión cuando aquel hombre después de haber sufrido un accidente aéreo y de haber pasado por una cirugía, se levantó y dijo: "le doy Gracias a Dios pues me permitió vivir una vez más, pero hoy mi vida será diferente". Luego siguió diciendo: "Mientras yo estaba tan enfermo mi vida pasó rápidamente en mi mente como un retrato, desde que me gradué del kínder hasta que me gradué de la universidad. Y me di cuenta de que yo no estuve ahí, en los momentos más importantes en que mi madre me necesitaba, no estuve ahí en los momentos más importantes en que mi esposa y mis hijos me necesitaban, no estuve en el hospital cuando mi amigo estaba enfermo, pues eran demasiadas mis ocupaciones. Pero de hoy en adelante diré no a muchas de las propuestas que voy a recibir. Aprendí que lo más importante es Dios y después mi familia, por lo tanto, invertiré la mayoría de mi tiempo en ellos". Según dicen los profesionales, muchos antes de morir "crujen sus dientes" como una forma de lamentar el no haber invertido tiempo de calidad con su familia. De hecho, si tuvieran la oportunidad de regresar con salud a la vida de nuevo, ninguno de ellos lo haría para trabajar más, para tener más casas, más autos, más posesiones, sino para invertirlo en su familia. Tú y yo que tenemos la oportunidad, la bendición de respirar, ese es el más hermoso de todos los dones o regalos que podemos recibir de parte de Dios. Por eso debemos aprovechar bien el tiempo y la mejor forma de hacerlo es poniendo en orden nuestras prioridades. Si Dios está en primer lugar, aunque tengamos buenos planes Él nos dará mejores. Cuando inviertes tiempo con tu familia, no tendrás remordimiento alguno el día que tus hijos comiencen a salir de casa. Hiciste todo lo que debías hacer con ellos. Dios. Tú. Familia. Trabajo. ¿Se entiende?

Lo primero es lo primero. Aunque es obvio, no siempre algunos lo viven de esa manera.

LLAVES PARA VIVIR
CON SABIDURÍA

01 En el desorden, las prioridades se esfuman y los logros se retardan.

02 En tu vida, primero Dios, luego todo lo demás. De no ser así, es como colocar el techo sin haber colocado el fundamento.

03 No atiendas a tu familia solo si queda tiempo luego de haber atendido socios, jefes y acreedores.

04 Lo primero en tu vida es aquello a lo que le das más calidad y cantidad de tiempo.

05 Si amas entonces priorizas y las prioridades traen felicidad.

06 Si hay un ser humano infeliz, es uno que aún no aprendió a vivir por prioridades.

07 No se trata de vivir, sino de saber vivir.

08 Poner en orden las prioridades de la vida es saber aprovechar al máximo el tiempo.

09 Llegas temprano a tus trabajos, llegas tarde a tu familia. Eso no es felicidad.

10 Si Dios no es lo primero en tu vida, ¿tiene sentido que le reclames tanto?

Capítulo 9

Trabajar con sabiduría

Volando hacia Israel

Y, finalmente, aterrizamos en Tel Aviv. Una ciudad increíble. En ella se llevó a cabo la declaración de independencia de Israel el 14 de mayo de 1948 por David Ben-Gurión, quien posteriormente pasó a ser el primer ministro de esta nación única. Cabe destacar que Tel Aviv jamás fue la capital de Israel. Ben-Gurión y su equipo de trabajo siempre habían sabido en su corazón que Jerusalén ha sido y siempre será la capital de Israel. Sin embargo, en ese tiempo, Jerusalén no estaba en manos de los israelitas. No fue hasta que se llevó a cabo la Guerra de los 6 días, del 5 al 11 de junio de 1967, que Israel recuperó Jerusalén.

Mientras se preparaba todo para descender y hasta que dieron el aviso de quitarnos el cinturón de seguridad, permanecimos sentados unos quince minutos. La gente a nuestro alrededor se veía notoriamente cansada y un tanto desesperada por abandonar el avión. Es que muchos, al igual que nosotros, habían hecho trasbordo por lo que el viaje había durado alrededor de catorce horas desde diferentes partes del mundo. En ese momento, Marcos me dijo:

—Trabajaré muy duro, Tony, me esforzaré y seré como los asnos, ¡trabajare sin descansar!

A lo que espontáneamente le respondí diciendo:
—¡Marcos, si el trabajar como asno fuera la respuesta, entonces los asnos serían los más ricos del planeta! Sí, hay que trabajar duro, pero hagámoslo con sabiduría...

Una de las partes más apasionantes de la vida son sus historias. Por cada ser humano hay historias para contar, de toda clase, de todo color. Historias que, aunque son personales, no dejan de ser interesantes y a la vez inspiradoras. Una historia extraordinaria que produjo un enorme impacto en mi vida dice que diez de los jóvenes más fuertes de una ciudad se prepararon para competir en un concurso muy especial, ¿cuál? Quién cortaba más el tronco de un árbol usando solamente un hacha. Así que se prepararon a conciencia. Entrenaron duro. Practicaron con responsabilidad y entusiasmo buscando encontrar la mejor y más rápida forma de cortar un tronco y de ese modo, alzarse con el primer lugar. Finalmente llegó el día del gran desafío. Uno a uno, fueron tomando su lugar. Ya estaban listos y preparados para lanzarse al desafío de cortar más árboles. Para eso a cada uno se le entregó un hacha. A la orden del juez los diez se lanzaron frenéticamente a hachar los árboles. Pero mientras la carrera iba avanzando, sucedió algo muy curioso: nueve de los competidores nunca detuvieron su rutina de golpear y golpear y golpear el tronco y solo uno de ellos se detenía cada media hora. Los nueve estaban convencidos de que rapidez y fuerza en el golpe les garantizaba la victoria. Pero inexplicablemente uno rompía con esa rutina y se detenía cada treinta minutos. Lo más sorprendente de todo fue que la competencia llegó a su final y ninguno de los nueve fue el ganador, sino el muchacho que se detenía inexplicablemente. Parecía ser que detenerse era igual a perder, pero no fue así. Como era de esperarse llegó el momento de la entrevista al ganador y la primera pregunta fue: ¿cuál fue la clave de tu éxito? La respuesta no se hizo esperar: "cada media hora me detuve, descansé, repuse fuerzas y afilé de nuevo mi hacha". El resultado está a la vista. El muchacho no ganó por fuerza, sino por inteligencia.

Si el hacha pierde su filo, y no se vuelve a afilar, hay que golpear con más fuerza. El éxito radica en la acción sabia y bien ejecutada.
Eclesiastés 10:10

No se trata solo de golpear

Precisamente de eso está hablando el sabio Salomón. "Si el hacha pierde su filo y no se vuelve a afilar, habrá que golpear con más fuerza, el éxito no está en la fuerza sino en la acción sabia y bien ejecutada." ¡Increíble! ¡Me inspira esta forma de entender la vida y los esfuerzos que hay que hacer para vivirla! No se trata solo de respirar, sino entender por qué respiramos. Cuando no se entiende esto, es posible que la persona crea que "todo debe hacerse a los golpes" y que producto de ellos los resultados deberían ser los mismos que si no se hubieran utilizado. Jamás habrá comunicación saludable en un matrimonio si en vez de dialogar, se golpean con las palabras. Los gritos son golpes, y el silencio por parte del que los recibe no es aceptación, es simplemente decisión de no ser parte de ese juego que menosprecia y causa miedos. Cuánta necesidad de sabiduría tenemos y cuánto bien aporta el consejo de Salomón. Es que la gran mayoría de seres humanos va por la vida queriendo obtenerlo todo rápido. No es habitual ver que alguien se detenga para pensar, que haga un alto para pesar la importancia real de todas las cosas y así colocarlas a cada una en su lugar correspondiente. Las relaciones humanas, laborales, financieras, profesionales y matrimoniales no se construyen a los golpes. Los logros más significativos en la vida no fueron alcanzados a los golpes. Todo fue gracias a decisiones sabias que permitieron lograr el mismo resultado, pero sin desperdiciar tanta energía y tantos recursos en el proceso. Eso también es sabiduría.

Afila tu hacha

Indiscutiblemente muchos de nosotros nos tenemos que detener en algún momento de nuestra vida para "afilar hachas"; es decir, para pensar, reflexionar, evaluar y decidir de manera conveniente. Si el hacha es una herramienta, la misma debe ser efectiva. Es que si es hacha no corta y solo golpea, es una maza o martillo grande. Ha perdido su identidad porque perdió su capacidad de cortar. Tu "hacha" son todos tus recursos, tus habilidades personales. Con ellos y su uso adecuado es que te ganas la vida, alcanzas tus logros y le das forma a tus sueños más nobles. Afilarlas quiere decir que, con tranquilidad, sin apuro alguno, investigas todas las maneras de hacerlas más efectivas, o mejor dicho, la forma por medio de la cual alcances el mismo objetivo en menos tiempo, menos fuerza, menos golpes, pero con la misma eficacia.

Es que trabajar fuertemente no significa que seamos efectivos en lo que hacemos o que estemos siendo realmente productivos en eso. Puede haber mucho trabajo, mucha actividad, pero "cero "resultados. ¿Te has puesto a pensar no solo en todo lo que haces sino en todo lo que logras con eso? ¿Te satisface lo que descubres? Ese sería un buen ejercicio para saber si estás golpeando o estás cortando. Son miles los seres humanos que día tras día golpean, que hacen lo mismo y lo hacen de la misma y rutinaria forma. ¿Sabes? Por hacerlo así ¡jamás podrán tener la aspiración de obtener resultados diferentes! Todos golpeaban con sus hachas, pero solo el muchacho que se tomó el tiempo para descansar, pensar y afilar su hacha se alzó con el premio. Revisa tus habilidades, recursos y el uso que les estás dando, no sea que estés golpeando y no estés logrando lo que anhelas. Así son las cosas, la responsabilidad no será del otro, de la economía ni del infierno, solo será tuya, por no detenerte a afilar tu hacha, a mejorar la eficacia de tus capacidades y el uso que le estás dando.

Hacer cambios

Por eso, según lo veo, lo único que queda es hacer cambios. Debes hacer cambios. Los cambios no son fáciles, todos saben eso. Pero se deben reconocer como necesarios y de la misma forma se los debe enfrentar e implementar con una actitud positiva y proactiva. No es cambiar por cambiar sino para lograr mayor efectividad en lo que se hace y principalmente en el "cómo" se lo hace. Hay cambios pequeños y también grandes. Los pequeños hasta pueden ser hechos sin que nadie se dé cuenta. Los grandes requieren de más responsabilidad y compromiso con lo que se está haciendo. Un barco pequeño da una vuelta por un canal en cuestión de minutos. Es un bote, es pequeño. Pero uno gigante, tipo Titanic, necesita como mínimo una hora para cambiar de dirección. Es un transatlántico, es grande. Los cambios son importantes en la vida y no puedes cometer el error de encarar el proceso de hacer grandes cambios para alcanzar grandes objetivos en tu vida, como si fueras a seguir remando un bote. Los cambios son importantes, porque en momentos tan difíciles como los que vivimos no puedes rendirte, no puedes aceptar la idea de una derrota definitiva. No, definitivamente, no. Debes, tienes y puedes salir adelante. Pero para eso deberás cambiar la forma en que miras las circunstancias tan duras y difíciles como las que estás viviendo. Las circunstancias no son tu final, son tu oportunidad. Sí, la oportunidad de buscar, descubrir y sacar a la luz esas ideas que por tanto tiempo tenías en tu mente, en tu corazón y que precisamente en días duros como estos, les puedes dar vida. No menosprecies tus ideas, tus anhelos, tus sueños. Son herramientas poderosas que debes poner a trabajar.

¿Cuándo se tiene que hacer el cambio? ¡Qué pregunta! Todos responderán lo que correcto ¡es hoy! Aun así, siguen siendo millones los que dejan todo para mañana. Por eso el viejo dicho popular "no dejes para mañana lo que debes hacer hoy" sigue vigente porque sigue siendo el mal de muchos. Saben que hay que cambiar, saben lo que deben cambiar ¡pero no cambian! "Mañana lo haré", dicen, y el mañana se hace una semana, un mes, se hace años. Es hoy, es ahora porque cambiar es una actitud, una decisión inmediata. Ya no hay tiempo para postergar las cosas para mañana. Solo hay dos días en el año en los que no se puede hacer nada: ayer ya pasó y mañana todavía no llega. El "mañana" es una palabra peligrosa. ¿Por qué? Porque cuando postergamos las cosas estamos dañándonos a nosotros mismos y dañamos a las personas que están a nuestro alrededor por tener que sufrir en carne propia los efectos de los mismos intentos, los mismos golpes de esta monótona realidad que se está viviendo. No se trata de tener demasiada acción, sino de ser productivos. A veces se trabaja demasiado pero no hay productividad. ¿De que sirvió tanto esfuerzo si no hemos sido efectivos?

El cambio es hoy. No lo olvides. No solo se trata de trabajar, sino que se trata de trabajar sabiamente y con unas acciones bien pensadas y bien ejecutadas. Aprovechemos bien el tiempo. Introduce cambios a tu vida y enfócate en ellos o el tiempo se habrá perdido. La peor pérdida de tiempo es discutir con un necio y con un fanático al que no le importa la verdad o la realidad, sino solo la victoria de sus creencias o ilusiones. Jamás pierdas el tiempo en discusiones que no tienen sentido. Hay personas que por muchas evidencias y pruebas que les presentemos, no están en la capacidad de comprender; y otras personas similares que están cegadas por el ego, el odio y el resentimiento y lo único que desean es tener la razón, aunque no la tengan.

Logremos grandes victorias con pequeñas batallas. Cuando lo hacemos constantemente se forman hábitos, principios, valores y convicciones.

LLAVES PARA VIVIR CON SABIDURÍA

01 Que la historia de tu vida sea buena o mala no depende de nadie más, solo de ti.

02 Entiende que no es la rapidez con la que haces las cosas lo que te garantiza un logro, sino el plan que diseñas y respetas para hacerlas.

03 No es por fuerza, es por inteligencia en la forma de aplicarla.

04 Detente a pensar, no todo debe ser a los golpes.

05 Puedes hacerlo, busca la forma de alcanzar los mismos resultados sin gastar tanta energía.

06 Tus habilidades son únicas, por eso el único que debe buscar la forma de hacerlas más efectivas, eres tú y nadie más que tú.

07 No menosprecies tus ideas, tus anhelos, tus sueños. Son herramientas poderosas que debes poner a trabajar.

08 Considera introducir cambios en lo que haces y en la forma que lo haces.

09 Cuida de no trabajar tanto que no seas efectivo ni productivo.

10 Trabaja, piensa, cambia, logra y jamás dejes de buscar nuevos y mejores caminos para lograr lo que soñaste alcanzar.

Capítulo 10

Sabiduría para salir de la depresión

Viajando por Israel

—Noto que a cada una de mis preguntas me contestas con una enseñanza, estimado Tony. Le agradezco todo lo que ha hecho por mí. En poco tiempo me ha llenado de enseñanzas sabias. Ahora tengo un conocimiento más amplio de cómo vivir mejor la vida con sabiduría.

Así que una vez que salimos del avión y nos adentramos en Tel Aviv, el entusiasmo y las expectativas por todo lo que viviría en ese viaje, se combinó con la espontaneidad de Marcos y su necesidad de aprender acerca de temas relevantes de la vida. Hablando de aprender, lo peor que le puede suceder a un maestro es tener un discípulo "sabelotodo". A veces me parece que difícilmente hoy uno se encuentre con gente que con total sinceridad quiera absorber el conocimiento que a uno le ha costado años de estudio, de experiencias, de fracasos, de golpes, de traiciones, de dolor. Pero me dije a mí mismo: parece que "encontré a uno". Sí, Marcos es un excelente discípulo, pues noté cómo tomaba nota de todas las respuestas que le daba a sus preguntas, que por cierto fueron muy buenas.

—¿Quién lo llevará a Jerusalén? —preguntó Marcos.

—Tomaré un taxi —le contesté.

—No, por favor, no lo haga. Mi amigo Jacob vendrá por mí y para nosotros será un privilegio el poder llevarlo a Jerusalén.

Al cabo de un corto tiempo, llegó Jacob por nosotros para llevarme de Tel Aviv a Jerusalén. Ya de camino a esa increíble ciudad, y luego de presentarnos, noté cierta tristeza en Jacob, el amigo de Marcos. Por eso le hablé con mucha cautela, ya que no deseaba meterme en asuntos privados.

—Jacob —le dije—, lo noto un tanto triste y preocupado.

—Vaya —respondió sorprendido—, creo que el tratar de poner un rostro feliz no me ha resultado. En efecto —continuó diciendo— estoy muy preocupado y triste a la vez, ya que a mi hermano mayor, últimamente, lo hemos visto muy triste. No come, no quiere hablar con nadie, ni siquiera desea salir de su habitación y no solo yo sino toda la familia estamos preocupados, ya que no sabemos qué es lo que tiene.

A lo que Marcos, triste por la noticia, pero alegre como los que tienen una solución y necesitan darla, le dijo:

—Tony podrá darte una respuesta.

Efectivamente eso hice y le dije:

—Te entiendo Jacob y sé qué le pasa a tu hermano. Lamentablemente, él tiene depresión...

Somos una humanidad preocupada, cansada, aterrada. Ya no solo es miedo al futuro, sino al presente. El día a día nos conmociona, nos asusta, nos inquieta el solo pensar con qué nos encontraremos hoy que ponga en peligro nuestra existencia. Demasiados azotes, demasiados presagios de dolor, inestabilidad y muerte. Las crisis que golpean a los seres humanos son tantas y en ocasiones una es peor que la otra. La falta de empleo, las guerras, el odio al otro, la insensibilidad de los que gobiernan, el abandono del prójimo, la falta de empatía y solidaridad con la desgracia ajena ha transformado al ser humano en un luchador solitario, que semana tras semana intenta mantenerse a flote. Los sentimientos que todo este escenario produce no deben ser ignorados. Por eso en tiempos de pandemia, otra está golpeando muy duro. Es, según muchos lo reconocen, "la pandemia del milenio" que está haciendo estragos en todo lugar y se conoce como *depresión.*

Miré yo luego todas las obras que habían hecho mis manos, y el trabajo que tomé para hacerlas; y he aquí, todo era vanidad y aflicción de espíritu, y sin provecho debajo del sol.
Eclesiastés 2:11

El sabio deprimido

Una vez más queda demostrado que ninguna persona está libre de sufrir un tipo de trastorno como lo es la depresión, incluido el gran sabio Salomón. Pareciera que él estaría más allá de estos males, pero como a cualquier mortal también le tocó afrentarlo y superarlo. Si leemos todo el capítulo 2, nos encontraremos con una larga lista de logros y disfrutes a los que él accedió. Literalmente no le faltó nada, se dio todos los gustos y adquirió todo lo que se le antojó adquirir. Su caso bien podría compararse al de muchos hoy. Parece que lo tienen todo y por eso la posibilidad de deprimirse se hace nula. Pero, de nuevo, pensar así es un grave error. Él no negó sus logros, pero tampoco su depresión. Hubo un día en que, cansado de tener, poseer y disfrutar en abundancia, se dio cuenta de una cosa: todo es pasajero. Esa verdad, real, cruda y dolorosa, le "afligió el espíritu", lo quebró emocional y anímicamente. El gran sabio Salomón, también se deprimió.

La depresión

Popularmente se la define como: "Enfermedad o trastorno mental que se caracteriza por una profunda tristeza, decaimiento anímico, baja autoestima, pérdida de interés por todo y disminución de las funciones psíquicas". Nada más ni nada menos. Definitivamente la depresión debe ser la enfermedad más peligrosa que puede existir. La persona que sufre depresión por lo general manifiesta una sensación de tristeza que lo domina, lo doblega, lo cual hace que le sea difícil mostrarse alegre. Es constante un sentido de preocupación que por lo general le altera el sueño y lo aísla de las amistades y los familiares. Tiende a no querer emprender tarea alguna, mucho menos si tienen cierta complejidad. Se siente inútil, cree que no le importa a nadie, razón por la cual su autoestima está por debajo del piso. Llora con una facilidad que sorprende, su alimentación se altera para mal y se siente culpable con facilidad de cosas que no necesariamente lo tienen como protagonista.

Cómo salir de la depresión

1. Evitar el sedentarismo

- Muchísimas personas son sedentarias, por lo que tienen poca o ninguna actividad física. Nuestros abuelos o antepasados no sufrían de esta enfermedad ya que ellos continuamente estaban en movimiento. Hoy y por influencia directa de la tecnología y por los nuevos paradigmas con los cuales se conforman nuestros estilos de vida, una persona puede vivir el resto de su vida sin salir de su casa y aun sin salir de su habitación. Todo lo ordena a su domicilio y todo le llega ahí. Siendo que todo lo hace allí mismo, no ve la necesidad de movilizarse, por lo cual poco a poco se va aislando y acostumbrando a ser el único habitante de su mundo solitario.

- Debes desarrollar alguna actividad física, hacer ejercicios como mínimo una hora por día, en los cuales camines, corras o practiques algún deporte de modo que contrarrestes el sedentarismo con movimientos planificados e intencionales.

- De la misma forma y con la misma disciplina debes alimentarte mejor, ingiriendo alimentos comprobadamente saludables.

2. Desprenderse de los celulares periódicamente

- Por cierto tiempo en el día, debiéramos prescindir del uso de nuestros dispositivos electrónicos y teléfonos celulares. Vivimos pendientes de ellos, conectados a las redes sociales de manera patológica. Por eso ya no tenemos interacción con las personas, las relaciones interpersonales que son poderosas e indiscutiblemente necesarias en nuestra vida. El no relacionarnos con las demás personas nos está aislando, lo cual crea las condiciones para caer en depresión. Nota por favor que hoy todo lo hacemos a través de textos fríos y electrónicos, a través de alguna llamada o video llamada, lo cual ha provocado que los toques físicos dejen de ser necesarios e importantes. Nada puede ser mejor que abrazar a la madre, besar al padre, jugar con los abuelos, estar con los tíos, disfrutar la familia y amigos.

3. Descansar adecuadamente

- Todos y sin excepción debiéramos descansar entre 7 y 8 horas por día. Quienes no descansan, por lo menos, esa cantidad de horas, no solo que alteran su sueño, sino que también se hacen propensos a caer en depresión. Es que trabajan mucho, descansan poco o casi nada, viven saturados de obligaciones por lo que se dicen a sí mismos que "no tienen tiempo para otras cosas". Por eso viven cansados y necesitados de un descanso reparador que no pueden disfrutar. El profeta Isaías dice: "Porque tú guardarás en completa paz a aquel cuyo pensamiento en ti persevera, porque en ti ha confiado". Dios quiere que tú y yo tengamos paz, que tengamos tranquilidad, que no vivamos en depresión. Pero para que eso ocurra, debemos hacer cambios.

4. No desesperarse, confiar en Jesús

- Somos productores de ansiedad por excelencia. Tendemos no solo a preocuparnos, sino a desesperarnos. Vivimos el día con mucha ansiedad, los compromisos con demasiada preocupación y la vida con excesiva idea fatalista. Sí, todo está mal y todo se pondrá peor. Sin ser simplista, creo que debemos tomarnos la vida con un poco más de humor y sencillez. Levantarse, comer bien, descansar mejor y trabajar, hace que se disfrute la vida de otra manera. Ya lo dijo Jesucristo: "La paz os dejo, mi paz os doy, y no la doy como el mundo la ofrece". Es que esa es una paz momentánea, diferente a la que Jesucristo nos ofrece, que es duradera, permanente. En la misma línea dio un consejo anti-depresión: "baste a cada día su propio afán", es decir, cumple con las tareas del día de hoy y mañana haz lo mismo con las que se presenten delante de ti. Definitivamente, Jesucristo es la forma más poderosa y efectiva de salir de las garras de la depresión.

Así que no olvides esto: lo que está en nuestras manos lo tenemos que hacer, lo que no está en nuestras manos, dejémoselo a Dios.

Desde una lectura psicológica, prácticamente todas las sociedades del mundo se han transformado en una paciente deprimida.

LLAVES PARA VIVIR CON SABIDURÍA

01 Cuando le entregas a Dios tus preocupaciones, Él da paz a tu corazón.

02 Todo es pasajero, incluida mi vida.

03 La mayor gratitud de nuestra vida no es que tengamos cosas para vivir, sino vivir.

04 Es posible que un día te deprimas, pero no debe ser igualmente posible que sigas deprimido indefinidamente.

05 ¿Vales poco? No es verdad, solo es una forma equivocada de verte a ti mismo.

06 El asunto no es reconocer que estás deprimido, sino qué estás haciendo para dejar de estarlo.

07 Tómate la vida con un mejor sentido del humor, ríe un poco más. No te hará mal.

08 Acabar el día con el mismo ánimo con el que lo comenzaste, es una decisión personal.

09 Cuando vayas a dormir, duerme, no quieras hacer otra cosa.

10 Haz tu parte lo mejor que puedas, Dios ya está haciendo la suya.

Capítulo 11

Pedir sabiduría

Viajando por Israel

—¡Gracias Tony por tu consejo! —me respondió entusiasmado—. Desde hoy mismo haré todo lo que está en mis manos para ayudar a mi hermano a salir de la depresión. A propósito, ¡hemos llegado a Jerusalén!

¡La eterna capital de Israel! Sin embargo, no fue hasta el 6 de diciembre del 2017 que el presidente de los Estados Unidos, Donald Trump, reconoció oficialmente a Jerusalén como la capital de Israel. Jerusalén también es llamada la ciudad de oro o la ciudad del Rey. Sabiendo que el amigo de Marcos trabajaría los próximos dos días, decidí invitar a Marcos a caminar por Jerusalén. El hotel donde nos hospedamos, está muy cerca del Muro de los Lamentos. Definitivamente era un excelente lugar para iniciar nuestro viaje, ya que me gusta iniciar mi recorrido por Israel dando gracias a El Eterno, por haberme concedido regresar una vez más a la Tierra Santa. Llegamos al Muro de los Lamentos. Y ahí Marcos me preguntó quién había sido el responsable de la construcción del primer templo. Le respondí que fue Salomón, el hijo del rey David.

Porque mejor es la sabiduría que las piedras preciosas; y todo cuanto se puede desear, no es de compararse con ella.
Proverbios 8:11

Un día Dios le dijo a un hombre llamado Salomón "pídeme lo que quieras" y este hombre decidió pedirle sabiduría. ¡Sí! Le dijo "dame sabiduría y ciencia". ¿Qué habrías pedido tú de haber tenido la oportunidad? Todos sabemos que la gran mayoría habría optado por pedir cosas materiales y pasajeras. Así que Dios no solo se agradó por su respuesta, sino que también se la concedió. Pero ¿sabiduría para qué le dio Dios? Y no solo eso, ¿cómo fue que Salomón la puso en práctica? Nos damos cuenta por sus dichos y consejos. Considera alguno de ellos por favor.

1. No tiene precio, su valor es incalculable

Salomón llegó a decir: *"Mejor es la sabiduría que todas las piedras preciosas y todo cuanto se puede desear no es de compararse con ella".* ***Proverbios 8:11***

La gran mayoría diría todo lo contrario. Eso se ve en la carrera loca de la humanidad por obtener cosas porque ellas dan valor y el amontonamiento de ellas da poder, y el poder le da el control sobre la vida de los demás. ¿Qué deseas? ¿Cuánto deseas? ¿Por qué lo deseas? No es sorpresa que el mundo esté lleno de hombres que muestran sus posesiones, pero no pueden evitar mostrar las torpezas de sus actos. Una definición habitual dice que sabiduría es: "Facultad de las personas para actuar con sensatez, prudencia o acierto". De eso se trata, de saber actuar, proceder. De entender el valor de ser prudentes, de buscar cometer la menor cantidad posible de errores. El problema no es que tengas piedras preciosas, sino que no tengas sabiduría para entender cuál es el lugar de ellas en tu vida, de modo que te quiten la humildad y la sencillez para vivir la vida.

2. No puede ser comprada

"Mejor es adquirir sabiduría que oro preciado; y adquirir inteligencia vale más que la plata." ***Proverbios 16:16***

Aunque se ofrezcan todas las piedras preciosas juntas,

es imposible obtenerla de esa manera. Es habitual en una sociedad que a todo le pone precio, cometer el error de ponerle precio al saber. Salomón también dijo: "Mejor es adquirir sabiduría que el oro preciado y adquirir inteligencia vale más que la plata". Y ¡tiene razón! ¿Qué crees que elegirá un niño de solo pocos años entre una montaña de billetes y unos cuantos dulces y chocolates? ¡Los dulces y los chocolates! ¿Por qué? Porque su inmadurez le impide decidir sabiamente. Así con algo como eso, como con todas las grandes decisiones de la vida. Si no hay sabiduría, no hay responsabilidad en las decisiones y en el uso de las cosas, por ejemplo, del oro y de la plata. A quien le llega dinero, pero no es sabio, lo verá por poco tiempo.

3. Debe adquirirse antes que cualquier cosa material

"Sabiduría ante todo, adquiere sabiduría y sobre todas tus posesiones adquiere inteligencia." ***Proverbios 4:7***

¿Sabías tú que Salomón reunió todo el concepto de la sabiduría en tres libros? Allí escribió principios de cómo vivir la vida. Destaca de él, que asocia la sabiduría y la inteligencia y las coloca como esas dos cosas que ningún ser humano debiera privarse de adquirir en la vida.

- **Sabiduría:** "Facultad de las personas para actuar con sensatez, prudencia o acierto". "Capacidad o habilidad de traducir tal conocimiento en hechos de nuestra vida diaria, es decir tomar la información correcta y ponerla en práctica en nuestra vida cotidiana."

- **Inteligencia:** "Facultad de la mente que permite aprender, entender, razonar, tomar decisiones y formarse una idea determinada de la realidad.

Sabiduría e inteligencia no están en conflicto. Trabajan juntas, una necesita de la otra. De nada sirve obtener y almacenar conocimientos si no se los aplica con sensatez y prudencia. En todos los ámbitos de la vida debes saber lo que haces y debes saber cómo se hace. Salomón no prohíbe que se adquieran miles de cosas. Lo que propone es que se adquieran estas dos virtudes. Esa debe ser la prioridad. Es que, si no hay inteligencia para obtenerlas ni sabiduría para mantenerlas, simplemente se perderán y todo habrá sido en vano. Adquirirlas asegura que no solo Dios las concede, sino que cada uno de nosotros debe hacer algo para obtenerlas y, principalmente, para ponerlas en práctica.

4. Es útil para la vida integral del individuo

"Con sabiduría se edificará la casa, y con prudencia se afirmará; y con ciencia se llenarán las cámaras de todo bien preciado y agradable." ***Proverbios 24:3-4***

En esos principios, Salomón enseña cómo tener relaciones interpersonales, cómo hacer finanzas, con quién uno debe juntarse y con quién no. Enseña cómo formar un hogar cuando afirma que "con sabiduría se edificará la casa, con prudencia se afirmará y con ciencia se llenarán las cámaras de todo bien preciado y agradable". Está claro que la casa es el edificio donde viven las familias, la cual puede ser hermosa. Lo principal es el hogar, los que viven allí. Para que no se lleven como "perros y gatos" deben aprender a vivir juntos. Las "cámaras se llenarán de todo bien preciado" si cada integrante familiar vive con sabiduría y con inteligencia. Las cámaras o habitaciones de la casa representan por lo menos tres cosas: vida, relación y posesiones. Todo lo que obtenemos "afuera de la casa" lo traemos adentro de ella para vivir y lo guardamos dentro de las cámaras, precisamente el lugar donde desarrollamos las relaciones más significativas. Según como sean esas relaciones, será la vida dentro de esas habitaciones.

5. Permite estar bien con Dios y con los seres humanos

"Nunca se aparten de ti la misericordia y la verdad; átalas a tu cuello, escríbelas en la tabla de tu corazón; Y hallarás gracia y buena opinión ante los ojos de Dios y de los hombres." ***Proverbios 3:3-4***

Nos enseña cómo quedar bien delante de Dios y cómo quedar bien delante de la gente. No se puede practicar una e ignorar la otra. Debemos tener buena opinión de Dios como el dador de la sabiduría y debemos demostrarlo prácticamente en nuestras relaciones interpersonales. Es imposible que digamos a todo el mundo de nuestra buena relación con Dios cuando tenemos pésimas relaciones con las personas. Es una contradicción, un mensaje confuso que lo único que logra es que no solo se rían de nosotros, sino que las personas no quieran tener una relación de vida con Dios. Y eso es grave. Colgar en el cuello y atar al corazón la misericordia, es una forma poética de decir "lo que tienes en el corazón, lo que eres por dentro, que se vea por fuera" como se ve un collar que cuelga del cuello. El mensaje de Salomón es simple: que todos te vean vivir la vida según lo que eres por dentro.

6. Es necesaria para tomar decisiones difíciles y riesgosas

"Y dijo el rey: Traedme una espada. Y trajeron al rey una espada. En seguida el rey dijo: Partid por medio al niño vivo, y dad la mitad a la una, y la otra mitad a la otra." ***1 Reyes 3:24-25***

Todos estos principios Salomón nos los enseñó y Dios le dio mucha sabiduría. Es que él tuvo la posibilidad de pedir una infinidad de cosas materiales, de riquezas incontables que, por cierto, Dios se las hubiera dado. Pero a cambio de eso pidió sabiduría, es decir sensatez, cordura, balance para decidir con eficacia. En una ocasión llegaron ante él dos mujeres y las dos afirmaban que el bebé que traían en sus brazos era suyo. ¿Cómo resolver semejante conflicto? ¿Cómo hacer algo que resuelva el asunto sin tener posibilidad de hacer una prueba de ADN? ¿Cuál fue su consejo? ¡Prepárense para una respuesta sabia! Dijo así: ¡Tráiganme una espada y partiré al niño en dos y le daré la mitad a cada mujer! Una de ellas dijo: ¡No, no lo partas, dáselo a ella! Y la otra respondió ¡Sí, pártelo, ni a ti, ni a mí! De esa manera, Salomón sabiamente se dio cuenta de que la verdadera madre era la primera mujer, y le dio su hijo a ella.

La sabiduría es mayor que el conocimiento. Muchas personas tienen y muestran un alto nivel académico, son profesionales que te hablan con un lenguaje que puede deslumbrar a cualquiera, sin embargo, cuando los tratas te das cuenta que están muy faltos de sabiduría. Como ese médico, con estudios y conocimientos extraordinarios, pero falto de sabiduría que fuma de una manera adictiva. Tiene el conocimiento suficiente para saber que fumar no es correcto, ya que le causará una bronquitis crónica. Se cree que el 90 % de las muertes por enfermedades de obstrucción pulmonar crónica son atribuibles al hábito de fumar. Él sabe que si sigue fumando terminará con cáncer y también sabe que las estadísticas demuestran que su falta de sabiduría lo llevará a la muerte.

No basta con reconocer que Dios da la sabiduría, es necesario querer tenerla para entonces ponerla en práctica. Más cerca de Dios estamos, más sabios podremos ser.

LLAVES PARA VIVIR CON SABIDURÍA

01 Mantente en silencio, habla cuando sea necesario y si es necesario.

02 Solo fijar los ojos en lo que brilla es tentación e insensatez. Tomarse el tiempo para saber por qué brilla es sabiduría.

03 Hay humildes que son sabios y ricos que son torpes. ¿Cuál de los dos eres?

04 Desesperarse por tener un bien material es de niños e insensatos. Decidir si es necesario obtenerlo, es de sabios.

05 El problema de los insensatos es que quieren tener dinero; pero que el dinero no los tenga a ellos, es de sabios.

06 La insensatez hace que creas que puedes visitar a Dios de tanto en tanto, la sabiduría le pide a Dios que viva en tu corazón.

07 Somos el resultado de lo que decidimos y del permiso que le damos a quienes decidan por nosotros.

08 El insensato cree que con tener una casa y vivir adentro con su familia es suficiente. El sabio sabe que, aunque no tenga casa, debe construir un hogar con todos.

09 No debes decidir por presión o por tentación, debes decidir por reflexión y necesidad.

10 El insensato grita y exige se le dé lo que quiere, el sabio hace silencio porque dice que ya tiene lo que necesita para vivir mejor su vida.

Capítulo 12

La verdadera amistad

Viajando por Israel

Así que nos adentramos al túnel que está debajo del Muro de los Lamentos, un muro excepcional que es una maravilla del pueblo de Dios y de esta santa ciudad. Podíamos observar una cantidad impresionante de piedras de diferentes épocas de todas las invasiones que sufrió esta ciudad.

Así que decidimos caminar por debajo del muro donde existe un túnel donde se pueden apreciar esas gigantes piedras más grandes que un autobús, colocadas misteriosamente en la base de este muro en el tiempo de Herodes. Esta zona es de acceso limitado, no todos van a orar ahí ya que hay que pedir un permiso especial. Ahí nos encontramos en las entradas del monte del templo, fascinados por lo que representa nuestra fe y para un monte que tiene una promesa de parte de Dios para responder toda oración. Luego de no mucho tiempo, regresamos al Muro de los Lamentos. Ahí hicimos algunas oraciones de agradecimiento y también pedimos a Dios poder continuar viviendo con sabiduría. Agradecimos a Dios por nuestra nueva amistad, aun cuando llevábamos solo dos días conversando, pero parecía como si llevásemos una amistad de años. Definitivamente ese no solo era un viaje increíble, sino que también era una cita divina, totalmente inspirada por Dios para bendecir nuestras vidas. Es que la verdadera amistad es un regalo de Dios. Él nos bendice con personas que pueden ser como nuestros hermanos sin serlo. Nos da la oportunidad de escoger a aquellos que serán nuestros amigos.

—Sí —le dije—. Así es Marcos, Dios es muy bueno y siempre nos da la oportunidad de tener buenos y nuevos amigos...

Ciertamente el aporte que hace la sabiduria de Salomón a aspectos significativos de la vida humana es único y maravilloso. Aunque es verdad que muchas cosas son fáciles de resolver, lo cierto es que en ocasiones y en ciertas áreas de nuestra vida no solo necesitamos decidir, sino que también necesitamos a quienes nos ayuden a hacerlo bien. Nadie negará jamás que las amistades o el tener amigos forman parte de nuestra personalidad. Necesitamos relacionarnos y necesitamos hacerlo bien. Tal es así que el conflicto que pudiéramos tener con personas muy cercanas a nuestro corazón y muy especiales en cuanto a afectos constituyen uno de los dolores, y aun crisis, más importantes de nuestra vida. No nos sentimos bien cuando estamos mal con nuestros seres queridos, tampoco cuando por alguna razón una amistad se resiente, o en el peor de los casos se rompe o se destruye. Salomón sabe de la importancia de las relaciones humanas. Las tenemos desde pequeños y las vamos forjando y consolidando a medida que vamos creciendo. ¿Quién no tiene amigos de la infancia? ¿Quién no ha dicho "somos amigos de toda la vida"? ¿Quién no ha sufrido por no tener amigos con quienes celebrar días u ocasiones especiales? Así como no somos los únicos en el planeta, todos vivimos juntos y nos vemos las caras. Pero tener amigos es mucho más que ser vecino de alguien en el vecindario donde vivimos. Son relaciones distintas, con otros códigos, con otras obligaciones y otros beneficios.

La amistad

Una definición muy común dice que amistad es una "relación de afecto, simpatía y confianza que se establece entre personas que no son familia". Simple, claro, contundente. No puede haber amistad si no hay relación, y no puede haber relación si alguien no quiere tenerla. Pareciera ser que producto del vivir juntos, sea más rápido y más fácil ser amigo de un hermano, aunque por supuesto no siempre es así. Los que viven juntos muchas veces son los que peor se tratan. Se oye mucho de "peleas entre hermanos". Duelen, no se entienden, no hacen bien pero allí están y, según parece, seguirán existiendo. Pero no es tan común que con la intensidad con la que pelean los hermanos lo hagan los que se consideran amigos. Es otra relación, no es mejor, solo es diferente. La amistad no es opcional, es necesidad. Aunque lo neguemos, la necesitamos, la buscamos y por supuesto la iniciamos. No somos solitarios ni mucho menos autosuficientes. Somos también el resultado de las amistades que tenemos y cultivamos.

Si es verdadera amistad, hace bien

Salomón presenta al amigo con unas características realmente maravillosas. Para él no existen amigos "ocasionales". Si son amigos lo son "en todo tiempo". Eso es algo muy importante y lo debemos entender. No es por un fin de semana, tampoco por desarrollar un negocio, ni mucho menos por intereses personales que nos hagan usar la amistad de otro. En todo tiempo. Buenos y malos. Prósperos y pobres. No importa, si es amigo, entonces ama. No deja, no abandona, no olvida, no desprecia. Es amigo y por eso ahí estará. Los conocidos un día nos desconocen. Los interesados un día dejan de buscarnos. Los necesitados un día dejan de necesitarnos. El amigo conoce, busca y no oculta su necesidad de construir la amistad.

Por eso Salomón es muy descriptivo en esto. Hay amigos que aman y aman como si fueran un hermano. No son hermanos, pero proceden como si lo fueran. Los amigos no se conocen en todos los tiempos, sino en unos muy precisos de la vida. Salomón les llama "de angustia". Sí, cuando la vida se hace depresión, cuando las lágrimas brotan sin razón, cuando la tristeza vino para quedarse, es cuando no se necesitan juicios ni condenas, sino que se necesitan amigos. Es hermosa la amistad. Es un regalo que Dios nos ha dejado para que al practicarla podamos disfrutar otro aspecto de la realización que necesitamos como seres humanos.

Amistades

Por ejemplo, las hay "divinas" como la de Abraham con Dios. Sí, Dios lo llamó "mi amigo". Jesucristo y los discípulos construyeron una amistad. Aunque no todos lo entendieron, lo cierto es que Él no solo los veía como discípulos sino como amigos. Por eso dijo un día "ya no seréis llamados mis siervos, ahora seréis llamados mis amigos". ¡Increíble, que Jesucristo te dé el honor de llamarte su amigo!

Hay amistades que dejaron huellas y, aunque han pasado miles de años seguimos hablando de ellas, pues fueron amistades llenas de lealtad, como la de Rut y Noemí. Una maravillosa amistad fue la de David y Jonatán. Ellos se amaban de tal manera que su amistad traspasó generaciones, pues Jonatán murió en el combate. David un día preguntó si había quedado alguien de la familia del rey Saúl –padre de Jonatán– para hacer misericordia en honor a su amigo Jonatán. Le respondieron que sí, que había un hijo de su fallecido amigo pero que estaba lisiado de sus pies, por lo que se arrastraba para movilizarse. David mandó a que lo trajesen pues estaba dispuesto a tratarlo como si fuera Jonatán, con amor, con respeto. Así fue que el hijo de Jonatán, llamado Mefiboset, llegó al palacio, comía como príncipe y vivió como un príncipe, al igual que los hijos de David. ¿Por qué? Porque David siguió siendo amigo de Jonatán, aun después de que este perdiera su vida.

Existen miles de historias de amistad de las cuales podemos hablar. Como la de aquellos soldados, Bryan y Joe, los cuales a pesar de la guerra se propusieron estar juntos hasta el último momento de su vida. Cuando Bryan fue baleado en combate, Joe le rogaba al sargento:

—¡Por favor, déjeme ir por Bryan!

Y el sargento respondió firme:

—No, es muy peligroso.
Pero finalmente Joe lo convenció y fue por su amigo. Al

encontrarlo solo compartieron unas pocas palabras. Joe cargó a Bryan, pero en el camino le dispararon. Cuando el sargento vio a Joe herido trayendo a otro soldado herido le dijo:

—No valió la pena que hayas ido por Bryan, él murió y ahora tú estás herido.

Pero Joe, mirándolo fijo le dijo:

—¡Claro que valió la pena, claro que valió la pena! Cuando Bryan estaba por morir, abrió sus ojos y me dijo: "mi amigo, sabía que tú vendrías por mí, sabía que tú vendrías por mí". Esas palabras resonarán por el resto de mi vida.

Querido amigo, valoro tu amistad. Tu amistad me hace bien. Muchísimas gracias por compartir momentos tristes y de alegría conmigo. Muchísimas gracias le doy a todos mis amigos, esos quienes a veces hablamos por teléfono, tomamos un café, nos reímos de las mismas y tontas bromas, compartimos anécdotas y no desaparecen cuando la angustia toca a nuestra puerta. Amigos, gracias a ellos seguimos sonriendo. Desde estas páginas renuevo mi decisión y promesa de estar con mis amigos en sus momentos difíciles, listo para conversar, escuchar, motivar, apoyar, alentar y aconsejar, para juntos seguir adelante.

No es verdad que estar solo sea lo mejor y que ser un solitario sea lo adecuado.

LLAVES PARA VIVIR CON SABIDURÍA

01 Para tener amigos hay que querer tenerlos.

02 No lo olvides: no somos seres solitarios ni mucho menos autosuficientes, somos humanos, necesitamos relacionarnos.

03 La amistad es una construcción, y eres su primer constructor.

04 El amigo siempre está.

05 Cuando todo me va mal, es cuando conoceré a los verdaderos amigos.

06 El amigo no exige que vengan a ayudarlo, sino que se exige a sí mismo para acudir en ayuda del otro.

07 Si es amistad, entonces hace bien.

08 No se trata de dar sermones, solo se trata de estar al lado del amigo.

09 No digas “soy amigo tuyo”, demuéstralo.

10 Si eres amigo, jamás serás un enemigo.

Capítulo 13

Jesús, el hombre que cambió la historia

Viajando por Israel

Al salir del Muro de los Lamentos, hablábamos de nuevas y buenas amistades. Así que comenzamos a subir los escalones. Esos escalones han sido caminados literalmente por millones de turistas a lo largo de estos años, ya que dirigen a la zona de restaurantes. Después de haber pasado un momento de intimidad con Dios en este lugar tan sagrado y tan especial, al final de estos escalones uno termina exhausto ya que son muy amplios y a la vez muy elevados. Al terminar de subirlos te encuentras con dos hermosos leones artísticos que han sido colocados como símbolo de esta hermosa ciudad. Nos dirigimos al primer restaurante que se encuentra exactamente al pasar estos dos leones. Mientras tomábamos nuestros alimentos conversábamos sobre lo atractivo y especial que había sido nuestro recorrido por el túnel. Un grupo de personas procedentes de Argentina nos escucharon hablar en español e iniciamos un intercambio de preguntas y respuestas. Al terminar de comer, nos invitaron a ir con ellos a Belén. Sí, Belén está aproximadamente a veinte minutos de distancia, así que accedimos y fuimos, después de todo teníamos el resto del día libre. Cuando íbamos en el camino, el guía nos dijo que en esa ciudad había nacido la persona más importante del planeta. Sí, Jesús, el hombre que cambió la historia. Unas personas ajenas a tal declaración quedaron sorprendidas a lo cual preguntaron:

—¿Qué sucedió exactamente aquí? ¿De quién hablan?

—Aquí nació Jesús, el hombre que cambió la historia — contestó el guía.

Hablar de Jesucristo e intentar definirlo y decir todo lo que de Él se puede decir en unas pocas hojas es literalmente una tarea imposible. No solo como personaje histórico sino por lo que significa para todos los seres humanos. Su nombre ha dado vuelta el mundo. Todos han oído de Él y buena parte de la humanidad ha puesto su vida, su esperanza y su futuro en sus manos. Lo cual no es un detalle menor. Él es el hombre que cambió la historia. Su poder e influencia han provocado que los cambios no sean malos. El no empeoró las cosas. No hizo más grandes las distancias. No propuso nada que hiciera que las relaciones humanas fueran imposibles. No rompió la paz ni enfermó aún más de miedos y terrores al espíritu humano. Su mensaje no promovió la guerra, la venganza, el ojo por ojo, sino todo lo contrario. Es el hombre que cambió la historia porque no solo su mensaje impactó para bien a todo el mundo, sino también su obra, la cual trasforma la vida de una persona sin importar qué tan mala o criminal haya sido. Humildad, paz, servicio, nueva oportunidad, transformación, solo algunas formas de intentar describir su obra incomparable y poderosa.

Jesús, el hombre que cambió la historia

Napoleón Bonaparte dijo: "Carlo Magno, Alejandro el Grande, Julio César y yo fundamos el Imperio bajo la fuerza, pero existe un hombre que fundó un gran Imperio sobre el amor". El fundamento era el amor y se estaba refiriendo a Jesucristo. Él vino al mundo y lo impactó de una forma única. Tal es así que tú y yo cada vez que escribimos "a.C" o "d.C.", estamos hablando de Él. Este es un hecho contundente. Debe ser alguien único para partir la historia humana en dos, antes y después de él y que admiradores y detractores, amigos y enemigos acepten eso como un hecho real, establecido y reconocido. La historia dividida en un antes y un después, indiscutiblemente dice muchas cosas del personaje que logra eso. Nadie puede negar que fue un ser excepcional, irrepetible y ejemplar. Es un punto de atracción, como un imán genera las más diferentes reacciones y aun formas de creer y practicar la fe.

Al que oye mis palabras, y no las guarda,
yo no le juzgo; porque no he venido a juzgar
al mundo, sino a salvar al mundo.
Juan 12:47

Hoy millones y millones de personas estamos dispuestos a dar la vida por Él. Que eso sea así, vuelve a decir que es el más extraordinario hombre que pisó esta Tierra. Por eso el mejor de todos los deleites, es deleitarse en Jesús.

Nunca escribió un libro ni fue a alguna universidad. Sin embargo, la historia aprende de Él y sus enseñanzas modelan las bases de la gran mayoría de las naciones del mundo. Cuatro autores, entre otros, escribieron de Él y de esos escritos sagrados millones de personas, poetas, cantantes, escritores, se han inspirado para hablar sobre Él, sobre su vida, sobre lo que hizo en tan solo tres años y medio. Todo el mundo se detiene en diciembre para recordar su nacimiento, que también fue diferente al de todos los mortales, porque más que un nacimiento creemos fue su encarnación, el día que se hizo como nosotros y vivió entre nosotros haciendo el bien. Hacer el bien. Sí, eso vino a hacer a la Tierra, a ayudar, auxiliar buscando insistentemente aliviar los dolores de los seres humanos. Precisamente por eso no hay una persona que, reconociendo su influencia directa en su vida, niegue que algo dramático le ocurrió cuando lo hizo su Señor y su Salvador. He ahí su gran obra. Transformación no de las cosas, sino de las personas que las hacen. Lejos está Jesucristo de ser el líder de una religión, la cabeza de un sistema de ritos y obligaciones litúrgicas.

Oh sí, muy lejos está de ser un condenador y perseguidor de pecadores, miserables e infelices. Él cambió la historia humana porque cambia la historia de cada uno de los seres humanos que crean en Él y eso no solo es fácil de entender sino también de hacerlo por decisión propia.

Distinto a todos

- Benjamín Disraeli, ex ministro de Inglaterra, dijo: "Jesucristo es el hombre más famoso de todo el universo, muchos hombres dijeron ser más famosos que Jesucristo, pero todos ellos están esperando ser juzgados, sin embargo, Jesucristo está a la diestra del Padre, reinando con poder y con autoridad".

- Juan el Bautista dijo que "Él es el Cordero Inmolado".

- Juan, el discípulo amado, dijo "Él es la gracia, Él es la verdad, en su plenitud todos hemos tomado gracia sobre gracia".

Ellos y millones hablan de Jesús y todos reconocen que es distinto a todos.

Buda, antes de morir, dijo: "¿Dónde está la verdad?, la busqué y no la encontré". Mahoma dijo: "¿Dónde está esa verdad de la cual se ha hablado?". Jesucristo dijo: ¡Yo soy el camino, yo soy la verdad y yo soy la vida! Ese es Jesucristo. Nadie ha suscitado tanta controversia como Él. Muchos no solo no lo reconocen, sino que aún lo persiguen cuando persiguen y golpean y matan a sus seguidores en buena parte del mundo. Guste o no, la única tumba ocupada por un cadáver en el mundo y en la historia que permanece vacía es la suya. Él no está muerto. Él vive. Él ha resucitado. Ha vencido la muerte. Por eso con total autoridad dijo: "Yo soy la resurrección y la vida, el que cree en mí, aunque esté muerto, vivirá". Él es distinto. No venció una gripe ni un resfrío, sino a la mismísima muerte. El peor enemigo que tenemos los seres humanos cayó rendido ante Él. Por eso, hacerse su discípulo es para muchos una necesidad, y la garantía de no ser defraudados es que puede más que la muerte, por eso Él puede más que nuestras broncas, odios, depresiones, frustraciones y fracasos y aunque hoy no lo vemos en "carne y hueso" su Palabra es lo suficientemente confiable para que millones en el mundo esperemos venga por nosotros y nos lleve a las moradas que está preparando.

A la filosofía le propongo "trata de describir este evento". A la ciencia le digo "trata de duplicar este evento". Ambas cosas son imposibles, porque Jesucristo es único y solo Él puede hacer aquello. Walt Whitman dijo: "Existe un hombre en la historia que nunca te despreciará, que sus brazos siempre estarán abiertos". Ese hombre, por supuesto, es Jesucristo.

Por amor y nada más que por amor

Todo lo hizo y lo hace por amor. No hay interés alguno que no sea ese. No es por dinero, no lo necesita. No es por fama, ya es famoso. No es por casas, no las usa. Solo por amor, solo por ver que el que sufre deje de hacerlo, que los que estén en guerra hagan la paz, que los que son víctimas del odio aprendan a amar y a perdonar. Eso es todo. ¿Es difícil de entender?

Recuerdo una historia increíble del tiempo de la esclavitud en USA. Durante la presidencia de Abraham Lincoln, una muchacha fue vendida como esclava a alguien que pagó un precio muy alto por ella. Cuando se iba a cerrar el tiempo de la subasta, apareció un hombre que irradiaba empatía y amor, el cual dijo: "Yo pago el doble por ella". Cuando la muchacha lo vio, ella y todos los presentes se sorprendieron de que alguien pagara tanto por ella. Pero él la tomó. Se la entregaron encadenada. Mientras caminaban para arreglar los documentos, la muchacha comenzó a gritarle cosas obscenas e irreproducibles a este hombre. Él, como toda reacción, se volvió para mirarla de frente, pues ella no sabía lo que él estaba a punto de hacer, entonces le dijo: "Yo sólo quiero que sepas que te amo". Ella hizo silencio muy desconcertada. Cuando recibió el título que lo acreditaba como su dueño, tomó el título, lo compró y se lo entregó a la muchacha diciéndole: "Yo te compré, pero ahora quiero darte tu libertad; sí, hoy te doy tu libertad", y le puso el título en sus manos. La muchacha atónita y casi sin palabras, le dijo: "¿Cómo es posible que tú me has comprado y me has dado mi libertad? ¡Por favor, permíteme ser tu esclava por amor!" ¡Wow! Esclava por amor. Aunque parezca increíble de creer, eso nos ocurre a los cristianos con Jesucristo. Hoy más de tres billones y medio de personas somos "esclavos por amor a Él". Sin importar quién eres y qué hiciste, sus brazos están abiertos para ti.

Jesucristo es el único que pudo cambiar la historia.

LLAVES PARA VIVIR
CON SABIDURÍA

01 Jamás encontrarás a Jesucristo en el corazón de un rito o una costumbre religiosa.

02 La obra de Jesucristo no agrava la situación del mundo, la transforma para bien.

03 Jesucristo demostró que hay poder en el amor y en el servicio.

04 Él vino a hacer el bien, por eso tenerlo en el corazón no hace mal.

05 Él no hace buenas a las personas, las hace nuevas, por eso son buenas.

06 Él no venció cualquier cosa, venció a la muerte y eso lo hace único.

07 Ser su discípulo no es una carga, es un honor.

08 No sirve que le sigas "desde lejos", es mejor que sea de cerca o, mejor dicho, desde adentro de tu corazón.

09 Él no está disponible para los buenos y alejado de los malos. Todos pueden venir a Él.

10 Si dices que alguien "ya no tiene arreglo" lo dices tú, para Jesucristo todos tienen arreglo.

Capítulo 14

Sabiduría para el matrimonio

Viajando por Israel

... Ya caía la tarde cuando regresamos a Jerusalén. Estando en la ciudad antigua, a pocos minutos de que empezara el *sabbat*, se escuchaban los sonidos de los shofares, a diferencia de la parte moderna de Jerusalén. En esta área sí se respeta completamente el *sabbat* y se paraliza absolutamente todo. El sonido del shofar hace recordar a la ciudad que hay que detener todo tipo de trabajo y es tiempo de prepararse para la gran cena del *sabbat*. Jacob, el amigo de Marcos, nos esperaba para invitarnos a su casa a cenar con su familia. Qué gran experiencia cenar con una familia judía en Jerusalén y en *sabbat*. Ahí conocimos a su hermano, quien ya estaba muy bien, de hecho sonreía, y podíamos ver en el briilo de sus ojos el agradecimiento hacia nosotros por haber agregado un poco de valor a su vida y así poder salir de la depresión. Lamentablemente él solo hablaba el hebreo, al igual que sus padres, Jacob aprendió el español en España ya que estudió ahí durante dos años. Precisamente ahí fue donde conoció a Marcos. En Israel la mayoría de las personas respetan ese gran día ya que es una de las joyas históricas más extraordinarias y un mandato del Dios de Israel; sin el *sabbat* Israel no hubiera podido sobrevivir hasta ahora. Así inició la cena. En ese día tan especial las casas se llenan de alimento, los seres queridos y amigos se visitan unos a otros, todos se disponen a vestirse con sus mejores prendas y se sientan a la mesa a comer el pan y beber el vino. La familia se encarga de que esa mesa esté llena de abundancia, bendición y alegría. ¡Qué deleite es disfrutar del *sabbat!*

La madre de Jacob encendió dos velas. Sí, las velas producen luz y como la mujer es quien da a luz ella es la encargada de encender las velas, que significan la luz del hogar. Al encender las velas se inicia el ingreso a un día santo, sagrado. Así el *sabbat* transcurre entre algunos cánticos y oraciones que hacen las familias reunidas, por sus hijos, esposas, esposos, es un tiempo de fiesta, santidad y unidad familiar.

Nunca olvidaré que al terminar, ellos me preguntaron si yo deseaba entonar un canto. Así que les respondí: "la verdad, con toda honestidad, no sé cantar... pero estoy entonado". Así que al ver a mi alrededor y ver que nadie me conocía, que nadie hablaba español a excepción de Marcos y Jacob, pensé rápidamente que quizás sería la primera y última vez que vería a esta agradable familia. Por eso, me dispuse a cantar el Salmo 121. Al terminar el canto, Jacob ya les había traducido lo que canté. Inmediatamente me preguntaron por qué había escogido ese canto. Simplemente les dije: "yo amo la nación de Israel y diariamente están en mis oraciones".

¡Qué experiencia! ¡Anhelaba regresar a casa y platicarles a mi esposa y a mis hijos esta y otras hermosas experiencias vividas en Israel, en Tierra Santa! Así que terminada la cena, Jacob y Marcos se dispusieron a llevarme a mi hotel que estaba a siete minutos de distancia.

Así que quedamos en volvernos a ver en el lobby donde yo me hospedaba al otro día por la mañana. Yo iría a conocer tres lugares: Galilea, Nazaret y Capernaum. Esa noche antes de dormir me comunique con mi hermosa esposa, ya tenía tres días fuera de casa y ya la extrañaba, al igual que mis hijos. Ella me dijo que todos estaban bien. El guía con quien yo iba era muy servicial, así que no hubo necesidad de avisarle que Marcos iría conmigo al otro día. Al llegar la mañana, el día era hermoso y el sol se mostraba en todo su esplendor, así que ya estábamos listos para nuestro viaje hacia el Mar de Galilea o también llamado Tiberias y Mar de Genesaret. Mi guía y Marcos hicieron buena amistad, mucho más por ser los dos muy aficionados al fútbol.

—¿Y qué tal descansaste? ¿Bien? ¬me pregunto Marcos.

—Sí, así es en efecto, descansé muy bien —le respondí¬—. Anoche llame a mi esposa y ella está bien al igual que mis hijos.

—¿Y tú, qué tal? ¿Descansaste bien? ¿Hablaste con tu familia? —le pregunté. Al hacerle esas preguntas, noté en su rostro una mezcla de sentimientos encontrados, como diciéndome "si y no" o como queriendo decir "todo bien" pero hay un pequeño problema. Por eso volví a preguntar—: ¿Quieres contarme que sucedió?

Y Marcos comenzó a decir…

—Sandra, mi esposa, y yo, llevamos un año y medio de casados. Todo comenzó muy bien, pero la verdad es que ya no sé qué hacer. Esta fue una de las razones por la cual tomé estas vacaciones e hice este viaje. Creo que el divorcio es la solución. Cuando nos casamos, fuimos a vivir a casa de mi madre. El plan inicial era vivir solo seis meses con ella y después mudarnos a nuestro propio apartamento. Pero no fue así. Ella quedó embarazada a propósito y nuestro bebé nacerá en tres meses. En verdad, me molesté al saber que tendríamos un bebé ya que no fue planificado. Queríamos primero terminar nuestras carreras y después tener familia y esto lo arruina todo.

—Mira, Marcos, el matrimonio es un regalo de Dios para felicidad de ambos, tanto del hombre como la mujer…

El que halla esposa halla el bien, y alcanza la benevolencia de Dios.
Proverbios 18:22

Nadie niega que el matrimonio es mucho más que una simple institución social. Es el sueño de todos los seres humanos. Desde pequeños jugamos a estar casados, a tener nuestro cónyuge, los hijos y nuestras familias. Todos tienen esta aspiración dentro de ellos y esperan concretarla un día. Casarse es cumplir con un sueño sagrado, es alcanzar un hito único en la historia de vida de todos los seres humanos. Lo cierto es que más allá de los malos ejemplos, fracasos o decepciones de muchos, los seres humanos seguimos soñando con ese día, el día de nuestro casamiento, de nuestro matrimonio. No hay relación más ideal, soñada y significativa como el matrimonio. Como sea, su experiencia será la definición de felicidad de la gran mayoría de los que lo tienen. La infelicidad muchas veces no sobreviene por la falta de trabajo o de dinero, sino por el estado en que se encuentra el matrimonio. No es extraño que miles tengan vidas prósperas en lo financiero, pero que no pueden ocultar que no son felices porque sus matrimonios están crisis. Si es importante y beneficioso tener amigos, cuánto más lo es tener un matrimonio feliz y saludable. Por eso, un matrimonio sin Jesús no es difícil, simplemente es imposible. El matrimonio como equipo es inquebrantable. El hombre como líder es quien lleva el volante, la mujer como ayuda idónea es quien ve lo que el hombre no alcanza a ver. Cada espejo de un auto tiene un lado que se llama "el lado ciego". Ahí es donde la mujer entra y dice ¡cuidado, por aquí no! ¡Ese es un lugar peligroso!

Hallar esposa

Salomón nos bendice con más sabiduría, ahora para aplicar a nuestros matrimonios. Noten lo que dice respecto de encontrar esposa: "El que halla esposa, halla el bien" Encontrar esposa no es encontrarse con un problema, sino todo lo contario. El bien es "el favor, la benevolencia" de Dios. Queda claro que la esposa es un regalo de Dios, de alto valor, insuperable, incomparable que solo garantiza beneficios ¡Cuan diferente es la visión de Dios de la esposa y el matrimonio de la que tiene la sociedad de nuestros días! Ella no es relegada, despreciada y condenada a satisfacer a un hombre. ¡No! Todo lo contrario. Es lo bueno de Dios y lo bueno de Él no hace mal a nadie. Por eso es muy preciso en lo que aconseja en cuanto al trato hacia ella:

"Como cierva amada y graciosa gacela. Sus caricias te satisfagan en todo tiempo,
Y en su amor recréate siempre."
Proverbios 5:19

La figura que utiliza es poderosa y es sencillo entender lo que quiere expresar al decir "como cierva, como gacela", refiriéndose a la alegría de vivir que no solo tiene la esposa, sino que también contagia a los demás que están cerca de ella. Nunca serán mejores las caricias de la mujer extraña, de la que no es la esposa. Nunca. La Biblia es terminante con eso. Por eso si se quieren disfrutar matrimonios saludables, debemos saber no hay magia, que la felicidad no ocurre por si sola. Debe ser construida con caricias y con creatividad todos los días. Eso hace el amor, hace que seamos creativos, que busquemos todos los días, nuevas formas de expresar nuestro amor, nuestro respeto y nuestro cuidado hacia el cónyuge. Sus recomendaciones son válidas y necesarias, y ponerlas en práctica con la mujer de nuestra juventud es inexplicablemente maravilloso. Amar y respetar a la esposa, gozarse, alegrarse, disfrutar la vida con ella hasta en los más mínimos detalles no solo es un deber, también es un placer.

Tres problemas

He llegado a la conclusión de que solo existen tres problemas en el matrimonio, no hay más. Los demás conflictos son ramificaciones que se desprenden de ellos.

Aquí van:

- el problema de las finanzas
- el problema de la sexualidad
- el problema emocional

Si notas bien, la gran mayoría de los conflictos en el matrimonio suceden en una de estas áreas. Por dinero se discute y con dinero se deben pagar las separaciones. La infidelidad sexual no es una simple caída, es una traición muchas veces imposible de superar. Las crisis personales, esas que dicen "no sé qué me pasa" o "no sé quién eres" o "no quiero seguir viviendo" hacen su efecto en las relaciones matrimoniales y no siempre terminan bien. El matrimonio es algo tan precioso y hermoso que Dios lo regaló y que solo admite que lo disfrutemos de todas las maneras posibles, aun al paso del tiempo. Cuando uno hace sus votos matrimoniales, deja en claro que va a amar, a respetar, a honrar, a cuidar, a defender y engrandecer a su pareja todos, absolutamente todos los días de sus vidas. Esa es la base del matrimonio, amor para toda la vida. Por eso no puede sino haber confianza mutua de que esas promesas serán honradas y practicadas. Es extremadamente extraordinario cuando ambos se tienen esta confianza.

Solucionar el problema

En el matrimonio suceden cosas que no deben suceder y tampoco hacerse para que vaya bien. Por eso miles en este momento están transitando y sufriendo un proceso de divorcio. Por supuesto que todos queremos que nos vaya bien, pero no debe ser deseado con ese idealismo que hace que uno ignore los problemas que habitualmente aparecen en la relación matrimonial. Muchos no quisieron reconocer que tenían problemas, otros no supieron enfrentarlos ni solucionarlos. Tal vez pudieron ser "pequeños problemas", pero se hicieron grandes y hasta insuperables. Tener mentalidad de problema, no es igual a una de solución. Todo en la vida tiene solución, por eso el problema no es el problema, sino no querer buscar ni encontrar una solución. Ahora bien, querer encontrar una solución es una renuncia a mi "querer tener la razón" y cuando se renuncia a la razón, entonces se encuentra una solución para la relación.

Finanzas

Por ejemplo, jamás debiera decirse "tu dinero y mi dinero" o "lo que tú ganaste, lo que yo gané". ¡Jamás! Lo mejor será decir "nuestro dinero, lo que nosotros ganamos" y, en consecuencia, "lo que nosotros gastamos". La esposa, en mi experiencia, no debiera decirle al esposo: "¿me das dinero para ir por la comida?" No, de ninguna manera, porque es su esposo, no su padre. El dinero se hace para compartir, no para competir ni presumir. No será la primera vez que el dinero sea causa de conflictos y aun de separación de muchos matrimonios. Respecto de esto Salomón dijo: "la bendición de Dios es la que enriquece y no añade tristeza con ella". Si eso hace Dios con nosotros al bendecirnos, quiere decir entonces que el problema no está en Dios, sino en cómo usamos el dinero y qué lugar le asignamos entre nosotros. Debemos usar con sabiduría el dinero.

Sexualidad

La mujer y el hombre tienen sus roles en el matrimonio. Por lo general en cuanto a necesidades, la sexualidad en el hombre tiene una importancia muy grande. En cambio, en la mujer, es la seguridad. Ella necesita sentirse amada, cuidada, protegida y segura en todas las áreas de su vida. Cuando los dos cumplen estos y todos los roles con eficacia, seguramente el divorcio no será una opción. Pero cuando no se cumplen estas reglas, sobrevienen las posibilidades de separación. Una de las más dolorosas es el divorcio por adulterio, lo cual solo acarrea dolores y más dolores. Salomón dice al respecto:

"El que comete adulterio, es falto de entendimiento, su alma corrompe el que tal hace, heridas y vergüenzas hallará, y su afrenta nunca será borrada, porque los celos son el furor del hombre, y no perdonará en el día de la venganza."
Proverbios 6.32-34

Así que, con una alerta como esta, nadie debiera querer cometer semejante error. La afrenta, la vergüenza no podrá ser borrada y aún afectará los sentimientos de los hijos y los nietos. Por eso es importante que cuando hay un problema dentro del hogar, se hable con madurez, con responsabilidad y con voluntad de enfrentarlo y de solucionarlo. El diálogo maduro debe ser practicado. Cuando estés pasando por un problema muy grande y fuerte no te lo guardes, háblalo con alguien, busca un consejero profesional o un amigo con experiencia y de extrema confianza.

Emociones

Esta es un área muy delicada. No debe ser tratada con irresponsabilidad o livianamente. Como hombres tenemos que entender que la mujer cada mes pasa por un proceso propio de su condición de mujer que modifica sus emociones y nosotros no podemos ignorar eso. Debemos entenderla. Se hace más frágil, más vulnerable y más sensible. Eso hace que las reacciones no sean las mismas. Llorar o alegrarse son opciones en cuanto a sus reacciones en esos días. Ser protectores y comprensivos con ellas es lo que necesitan. De la misma forma los problemas de la casa no debieran tratarlo cuando el marido está llegando a su casa de su trabajo. Viene cansado, quizá frustrado. No, no es ese el momento para hablar de más problemas con él o de darle una queja.

La sabiduría hará buscar el mejor momento y ese momento es cuando esta visiblemente descansado, lo cual le dará tranquilidad al momento de saber lo que pasa y para buscar la forma de solucionarlo.

El matrimonio no es una simple institución social. Es el sueño de todos los seres humanos.

LLAVES PARA VIVIR CON SABIDURÍA

01 No es el matrimonio que me tocó, sino el que construimos.

02 Tu cónyuge no es un problema, es el bien de Dios para toda tu vida.

03 Si amas siempre buscarás nuevas formas de hacer conocer tu amor hacia tu pareja.

04 Quien ama respeta y el matrimonio es el mejor lugar para demostrarlo.

05 No se deben ocultar los problemas en el matrimonio, deben enfrentarse, hablarlos y superarlos.

06 En el matrimonio se acaba eso de “lo mío y lo tuyo”, todo pasa a ser “lo nuestro”.

07 Si el matrimonio es un invento de Dios, será sabio darle lugar al inventor para aprender la forma que debe disfrutarse.

08 Buscar consejo para tu matrimonio no es una muestra de debilidad, todo lo contrario, es una muestra de sabiduría.

09 Que el matrimonio dure toda la vida dependerá solamente de los dos, marido y mujer.

10 Jamás tengas más tiempo para todos los demás, que para tu esposo o esposa.

Capítulo 15

Sabiduría para educar a nuestros hijos

Viajando por Israel

Llegó el momento de emprender nuestro viaje de Jerusalén a Galilea. El viaje duraría aproximadamente dos horas y cuarenta y cinco minutos. En el recorrido mi corazón se estremeció cuando leí un letrero que decía: "el buen samaritano". Descendíamos entre colinas, por un camino donde seguramente fue transitado por Jesús. Cuando iba de Jerusalén a Galilea, ahí fue donde aquel hombre resultó golpeado por malhechores y un samaritano le ayudó a sanarse y restaurarse. A mi lado izquierdo tenía a Jericó, una ciudad con mucha historia, conquistada por Josué gracias a un acto soberano de Dios. Era la ciudad de Bartimeo y de Zaqueo. Mientras avanzábamos, vimos el Mar Muerto a donde eventualmente llegaríamos. Lo cierto es que al pasar por todos esos lugares mi corazón se estremecía. Después de una hora de camino entramos a la zona de Samaria, dejando atrás el desierto de Judea. Aquí el desierto empieza a reverdecer y de ahí en adelante tus ojos solo ven lo hermoso y verde hasta llegar a la región de Galilea, donde existen grandes cantidades de cultivos. Llegamos a Galilea. El agua de este mar no se puede beber ya que es dulce y salada a la misma vez, por esa razón no se puede definir si es un lago o es un mar, las personas a su alrededor aún no se ponen de acuerdo. Lo que sí se puede decir es que el ambiente espiritual aquí es tan pacifico, tan tranquilo, que observando lo que pasa alrededor me di cuenta por qué Jesús decidió iniciar su ministerio en ese lugar. Ahí existe una paz, un sosiego incomparable. Ahí era donde Jesús planificaba sobre la obra que haría en rescate por la humanidad y su plan redentor.

Fue así como, de su crisis matrimonial, ahora comenzamos a hablar de los hijos. Por eso continué diciéndole:

—Marcos, después de que uno se casa, de invitar a Dios a que sea parte fundamental de la relación, los mejores y más hermosos regalos que Dios nos da al matrimonio son los hijos, sean o no sean planeados, no dejan de ser una gran bendición de Dios. Desde luego, nuestro trabajo será ayudarles en la formación de su carácter para que en la vida sean personas extraordinarias...

¡Vaya tema este! Los hijos y la bendición de tenerlos, la alegría de disfrutarlos, pero también la obligación de corregirlos. Corregir a los hijos en días como los actuales es para muchos un tema controversial pues se confunde con "maltrato", lo cual no niega que la corrección sea algo muy necesario. Ya todos sabemos de qué forma maravillosa los niños nos alegran la vida, pero también sabemos que todos nacen con la necesidad de ser instruidos, preparados para cuando deban enfrentar sus propios desafíos. Está claro que ser padres es muchos más que proveer casa, ropa, comida y dar cuatro gritos. Es una relación única que combina el amor que se tiene por ellos, con la responsabilidad que se tiene hacia ellos. Así que equipar a los hijos no es opcional, los padres pueden no darles una casa soñada, pero no pueden darse el lujo de no proveerles de recursos o herramientas para que puedan enfrentar con éxito sus propios procesos de vida. Dentro de esos recursos está la disciplina. Sí, la corrección aun cuando pueda ser vista como algo inadecuado, es imposible que "algo" salga bien si no se lo corrige. Lo hace el profesor, la maestra de escuela, el jefe en un trabajo y, por supuesto, los padres que aman a sus hijos.

El que detiene el castigo, a su hijo aborrece; mas el que lo ama, desde temprano lo corrige.
Proverbios 13:24

Corregir

No es un misterio, es simple de entender. Es "la acción de marcar un error y proponer formas de repararlo o mejorarlo". No es condenar, criticar ni mucho menos burlarse o menospreciar. Para que el "marcar un error" no sea una acusación del tipo "siempre haces todo mal" o "nunca harás las cosas como tu hermano, él sí que lo hace bien", es necesario que quien corrige tenga la autoridad, la responsabilidad y el amor para hacerlo. Los padres son los más indicados para eso. No solo se señala lo que se hizo mal, sino que también se enseña cómo hacerlo bien.

Precisamente esto es lo que trata Salomón con su consejo y es muy interesante la forma en que lo dice "el que aborrece a su hijo, le detiene el castigo, más el que ama a su hijo, desde temprano lo corrige". Aquí "castigo" no tiene la connotación que habitualmente le damos por este lado del mundo, es decir "golpear" a un hijo, sino disciplinar a ese hijo, lo que es muy diferente. Disciplina es "capturar una enseñanza" de un maestro por parte de un alumno o discípulo. Quiere decir entonces que disciplinar es el trabajo de un maestro con un alumno para que no solo sepa algo, sino también para que lo ponga en práctica de modo efectivo. Eso hacen los padres. Corrigen, señalan errores en sus hijos en lo que a ellos les corresponde hacer y los disciplinan o le enseñan las formas correctas de hacerlo.

Corrección temprana

Esto es impresionante y por cierto muy interesante. No debemos olvidar que nuestros hijos son niños ahora, pero más pronto de lo que imaginamos van a crecer y van a volar de casa. Ahora bien, una vez lejos o afuera de ella demostraran lo que aprendieron el tiempo que vivieron dentro de ella. Es un mundo de experiencias las que se viven dentro de casa con los hijos. Todas hermosas, por cierto, pero nunca deben quedar afuera de ellas las correcciones que hubo que hacer con los hijos. Este es el argumento de Salomón. Los padres aman a sus hijos, ya eso es razón suficiente para corregirlos desde temprano, es decir, desde el mismo momento que nacieron. Esa es la mejor de todas las correcciones. Por supuesto que hacemos corrección cuando el hijo ya es grande, o adolescente o joven, pero hacerla a esa edad, no necesariamente garantiza que ese hijo quiera recibir la corrección; por eso tantos que dicen "yo ya soy grande, ya no soy un niño para que me digas eso". Es muy importante notar que Salomón dice algo más en cuanto a la corrección de los hijos y lo dice así: "el que detiene el castigo a su hijo aborrece". Qué duro es esto. Detener el castigo es detener la corrección, nada tiene que ver con violencia y maltrato. En otras palabras, no corregir a un hijo es lo mismo que no quererlo. Así son las cosas, la corrección de nuestros hijos es una forma poderosa de demostrar nuestro amor por ellos.

Ninguna institución en el mundo puede ni debe hacer el trabajo de los padres. De los padres viene la mejor corrección, la mejor disciplina ¿Por qué? porque los aman, lo cual quiere decir que no existe en ellos intereses o motivaciones de ninguna clase, que no sea una sola: querer que les vaya bien en la vida. Eso es todo. Por eso toda disciplina comienza hablando, acercándose para conversar, hacer reflexionar, acompañar para que el hijo entienda lo que pasa o lo que ha hecho. Cuando se habla se puede mostrar y explicar de mejor forma los límites y las razones de por qué existen y se practican en la casa. Límites es disciplina: "hijo, hasta aquí puedes llegar, pero de aquí no vas a poder pasar porque habrá consecuencias y las vas a tener que pagar". Eso no es amenaza, eso es alertar sobre algo que no debe ignorar y a la vez es forjar el carácter de nuestro hijo. Muchos confunden gritos o hablar fuerte y enojo con tener carácter. No, todo lo contrario, eso es ausencia o carencia de carácter.

Tener carácter

Cuando nuestros hijos nacen, ellos ya vienen con toda nuestra información genética de tal modo que cosas distintivas de padre y de madre se hacen visibles en ellos.

Unos son extrovertidos, todo lo sacan, y otros introvertidos, todo lo guardan. Es allí precisamente donde está nuestro trabajo como sus padres. Al que es extrovertido lo tenemos que detener un poco más que al otro. Cuando grita, cuando llora, se enfurezca o se altere, lo tenemos que calmar y tranquilizar. Enseñarle a reaccionar. Eso es corrección, eso es formar su carácter. En cambio, al introvertido que es más pasivo, más tranquilo, en ocasiones más melancólico o frágil y hasta flemático, es decir un poco más lento, pero no menos equilibrado y difícilmente se altera, debemos "empujarlo" un poquito más que a los demás, motivarlo y animarlo a que no se guarde todo, a que no tema comunicarse más. Hacer eso es formar el carácter de nuestro hijo. Su carácter no es más que el conjunto de características que lo identifican y diferencian de todas las demás personas, haciéndolo único e irrepetible. La corrección es una aliada irremplazable en la maravillosa tarea que tenemos como padres de ayudar a nuestros hijos a formar su carácter.

Cuando sean grandes, nuestros niños mostrarán lo que aprendieron en casa. Es importante recordar que desde que nacen hasta los seis años, el niño está formando su carácter. Después de ese tiempo, vivirá de lo que se le enseñó en ese periodo de tiempo. Ellos son como el cemento cuando es colocado que se puede modificar y hasta mover a otro lugar durante un corto tiempo, porque luego será simplemente imposible pues ha endurecido. Luego de los siete años, en muchas cosas el niño ya es como el cemento, será complejo lograr algunos cambios, porque ya no lo cree todo y lo cuestiona todo. Tenemos seis años para formar el 75% del carácter de nuestros hijos. Salomón lo dijo de esta manera: *"Instruye al niño en su camino, y aun cuando fuere viejo no se apartará de él"* – ***Proverbios 22:6.***

Nuestros hijos son el reflejo de quien en verdad somos nosotros sus padres.

LLAVES PARA VIVIR

CON SABIDURÍA

01 No se trata solo de darles cosas, sino de darles herramientas para vivir mejor.

02 Si un hijo nos alegra la vida con su presencia, nosotros se la hacemos mejor corrigiéndolo.

03 No se trata de gritarle al hijo lo que hizo mal, sino de instruirlo para que lo haga bien.

04 No temas enseñar a tu hijo cómo hacer las cosas en la vida. De no ser así otro lo hará y no habrá garantías de que la enseñanza sea la adecuada.

05 Con la misma rapidez con la que le das ropa y comida, dale a tu hijo consejos adecuados.

06 La escuela enseña a nuestros hijos según un programa de estudio, los padres les enseñamos por amor y según lo necesitan.

07 Prueba con no gritarle de lejos los errores a tu hijo. Acércate para hablar con en él en un clima de confianza.

08 Cuando se ama se corrige, eso no falla.

09 De lo que hacemos con los hijos hoy es de lo que ellos hablarán mañana.

10 La corrección que hacemos hoy determinará la vejez de nuestros hijos. Depende de nosotros qué tipo de hijo estamos formando.

Capítulo 16

La figura paterna

Viajando por Israel

Al llegar a Galilea iniciamos nuestro recorrido por Capernaum. Recordemos que esta ciudad está al lado de un mar salado, sí, el Mar de Galilea, y que Capernaum tenía manantiales de agua cristalina para beber. Por ello era inevitable para todo pasajero que venía de Siria o de Egipto no detenerse en Capernaum. Ahí existen unas ruinas súper importantes, muy bien conservadas, es como si esa ciudad se hubiese mantenido y guardado con una protección divina, ya que se puede ver cómo era esta hermosa aldea, donde aún existe la sinagoga en la que nuestro amado salvador predicó su gran mensaje, su Palabra e hizo milagros excepcionales. En aquella ciudad sanó a la suegra de Pedro, resucitó a la hija de Jairo y sanó a la mujer con flujo de sangre. Cabe recordar que ahí fue donde Jesús tuvo su residencia por algún tiempo.

Hablar de la familia es hablar de temas que incluyen a todo el mundo, por eso no fue extraño que siguiéramos hablando de ello.

—Ahora estoy un poco confundido, Tony —dijo Marcos—. Es que mi padre me ha enseñado todo lo contrario. Él siempre me ha dicho que no tuviera hijos por un buen tiempo, porque eso detendría mis planes, mis estudios, mis metas y ni siquiera sé cómo decirle algo...

—¿Qué quieres decirle?

—¡Que Sandra, mi esposa, está embarazada!

—Marcos, solo díselo, eres un hombre casado y tienes la bendición de estar esperando un hijo, no existe absolutamente nada de malo en eso.

—Es que tú no lo conoces —confesó Marcos con cierta tristeza—. Siempre fue duro. Es más, ahora que nazca mi hijo ni siquiera sabré cómo actuar o cómo reaccionar.
—Reaccionarás muy bien —le aseguré—, ya lo veras. Nuestro trabajo como padres es ayudar, empujar, escuchar y motivar a nuestros hijos a ser lo mejor de lo mejor. Y eso lo harás muy bien.

Si el mandamiento es honrar a las madres, también lo es con los padres. Claro que sí, ellos son diferentes a mamá. Parecen más fuertes, más rudos y hasta más insensibles, son los padres. Pero cuánto amor tienen para dar, cuánto trabajo por hacer, cuántos sacrificios que pagar. Ellos saben que son padres de niños que los necesitan y preguntan por ellos. Ellos saben que no son reemplazables. Su figura se eleva a nivel de héroe y sus capacidades los hacen gigantes. Son niños pequeños que les roban lágrimas y los doblegan por la ternura de sus hijos mostrándose dependientes de ellos. Son admirados y necesarios para la seguridad que sus niños reclamaran para enfrentar todos los desafíos de sus propias vidas.

"Oíd hijos la enseñanza de un padre, y estar atentos para que conozcáis cordura, porque os doy buena enseñanza, no desamparéis mi Ley, porque yo también fui hijo de mi padre, dedicado y único delante de mi madre, y él me enseñaba y me decía retenga tu corazón mis razones, guarda mis mandamientos y vivirás, adquiere sabiduría, adquiere inteligencia, no te olvides, ni te apartes de las razones de mi boca, no la dejes y ella te guardará, ámala

y te conservará; sabiduría, ante todo adquiere sabiduría y sobre todas tus posesiones adquiere inteligencia, engrandécela y ella te engrandecerá, ella te honrará cuando tú la hayas abrazado, adorno de gracia pondrá a tu cabeza, corona de hermosura te entregará".

Proverbios 4:1-9

Salomón recomienda, con todas sus fuerzas, que los hijos no retengan su obediencia. Los anima a que naturalmente se animen a poner en práctica sus consejos. Es extensa esta porción en la Biblia. Es que, aunque sean "hombres de pocas palabras", las recomendaciones de hacer caso a lo que ellos enseñan y aconsejan se hace algo irremplazable.

Oír y estar atentos

No solo se escucha con los oídos, sino principalmente con la atención que se pone para entender lo que se nos está diciendo. Salomón asegura que la obediencia a los consejos que da un padre garantiza cordura, es decir, sabiduría y coherencia para hacer bien las cosas. Pero no es un consejo técnico, profesional y vacío de experiencia. En este caso, él mismo se pone como ejemplo. Él recomienda a su propio hijo que haga con el consejo de su padre lo que él hizo con el consejo del suyo. Salomón fue un bebé frágil, dependiente de su padre. Él también fue enseñado y formado por los consejos sabios de su propio padre. Es maravilloso cómo Salomón resalta lo mejor que puede dejar un padre a sus hijos. Noten que no invita a su hijo a adquirir cosas materiales, autos, casa, dinero o fama. No, no hay nada de eso en su consejo, sino que lo anima a que adquiera lo que no todos quieren y desprecian: sabiduría e inteligencia. Qué decepcionante es pasarse años acumulando riquezas y bienes y perderlos en cuestión de días. No por la obra de una agente del infierno sino, dolorosamente, por falta de inteligencia y de sabiduría. Inteligencia es acumulación de conocimientos, sabiduría es la habilidad de aplicarlos en la vida. Esto no se aprende en la escuela, tampoco te lo dicen en la universidad ni mucho menos en la calle. Esto solo viene de un padre que entiende su función y su influencia en la vida de sus propios hijos. Eso es paternidad. Ser papá es fácil, pero ejercer paternidad es otra cosa. Es responsabilidad que provoca estar presente y no ausente. Se habla de "padres ausentes" y es doloroso, inexplicable. Son padres pero no se presentan a cumplir con sus responsabilidades, y dentro de esas obligaciones está la de aconsejar, de formar, de prevenir y cuidar a sus hijos. "¡Escucha los consejos de tu padre!", insiste Salomón, "porque son impresionantes, interesantes y únicos". ¡Cuánto esfuerzo hacen los padres por afirmar a sus hijos, por bendecirlos, por darles propósito, por darles identidad, por ayudarlos a ser cada día mejores! Es que ¡ese es el trabajo de un padre!

El final de los padres es el principio de nuestros hijos. Con eso quiero decir que tu final será la plataforma desde donde tus hijos iniciarán su vida y su carrera.

Gigantes derrumbados

Hay gigantes, enormes desafíos, que nosotros tenemos que vencer. Si David no hubiese vencido al gigante Goliat, Salomón lo tendría que haber enfrentado. Pero David lo venció y con eso le dejo el camino libre a Salomón. Como padre quiso luchar con gigantes para evitarle a su hijo que los deba enfrentar. Tú y yo hemos derrumbado gigantes. Algunos para llegar Estados Unidos tuvieron que cruzar ríos, fronteras, pero llegaron. Derribaron gigantes. Ahora sus hijos nacieron en Estados Unidos. Muchos sufrimos con el idioma, pero nuestros hijos ya no tendrán que batallar con eso. Así como David venció gigantes para bendecir a su hijo, también nosotros tenemos que vencer gigantes para que nuestros hijos no sufran lo que nosotros sufrimos. Gigantes hay de toda clase y poder. Los hay como maldiciones, complejos, limitaciones, vergüenzas y fracasos. Debemos vencerlos para que nuestros hijos ya no tengan que pelear, ni luchar con ellos.

Así que si tú tienes el gran privilegio de ser padre, te desafío a que seas extraordinario como tal. No pierdas ninguno de los momentos más importantes de tus hijos, sus graduaciones, sus cumpleaños, sus reconocimientos. Tienes que estar ahí, porque esos son los días en los que marcarás la vida de ellos. Quizás en el pasado fuiste un padre ausente, no estabas ahí con tus hijos. Bueno ¡hoy es el día en el que tienes que empezar, hoy es el día en el que tienes que abrazar a tus hijos y decirles que estarás con ellos, no mañana, porque recuerda que el mañana es una palabra muy peligrosa, no sabemos si llegará o no llegará!

Determina amar aún más a tus hijos. Motívalos para que vuelen alto. Abrázalos, levántalos, llévalos a otro nivel y diles: "pase lo que pase yo siempre estaré contigo".

Quizá tú no eres padre, pero eres hijo. Por eso te pido, ¡ama a tu padre! Respétalo. Hónralo. ¡Qué gran hombre te dio Dios! Honra la sabiduría, honra las canas, honra aquellos momentos donde tú eras un ser desprotegido y él te protegió, él te abrazó, él estuvo contigo y te dio un crecimiento. Ahora ha llegado la hora de honrar a papá.

Papá, bendice a tus hijos. Hijo, pide a tu padre su bendición ¿Sabías que cuando Isaac le dio la bendición a Jacob, Esaú gritaba y lloraba, mientras le pedía otra bendición para sí? "¡Por favor, padre, bendíceme!", imploraba Esaú. La bendición de un padre es tan importante ayer como en nuestros días. Definitivamente la paternidad es la necesidad más grande en el universo. Por eso, papá querido, tómate un tiempo y bendice a tu hijo, habla palabra de bendición sobre tu hija, hazle saber que la bendición de lo alto está sobre ti y que tú se las das ellos. Solo así nuestros hijos tendrán un mundo mejor.

Si vas tener héroes en tu vida, que el primero sea tu padre.

LLAVES PARA VIVIR CON SABIDURÍA

01 Aunque un padre parezca fuerte, no deja de ser un simple hombre con necesidades.

02 Puede haber reemplazo para muchas cosas, pero jamás podrá ser reemplazado un padre.

03 Nunca un padre aconsejará para mal, por eso su consejo es confiable.

04 Como honres y escuches a tu padre, te honrarán y escucharán tus propios hijos.

05 Jamás dirán que soy padre ausente, a menos que lo sea.

06 El futuro de los hijos no depende de la economía del mundo, sino de la presencia y consejo de un padre.

07 Llega tarde a muchos lugares, pero jamás a estar con tus padres.

08 Llega tarde a muchas citas, pero nunca a estar con tus hijos. Ellos no esperan a nadie más.

09 Honra, respeta, engrandece a ese hombre viejo que está lleno de canas y de sabiduría.

10 Escribe la mejor de tus historias y que en ella nunca falte tu padre.

Capítulo 17

La bendición de honrar a mamá

Viajando por Israel

Al terminar nuestro recorrido por Capernaum, nos dirigimos al Monte de las Bienaventuranzas. Nos tomó alrededor de quince minutos llegar allí. Mientras subíamos pudimos observar a nuestro alrededor los hermosos montes, los valles, los collados, la superficie del Mar de Galilea con sus barcos, sus pescadores y sus hermosos puertos. Al llegar al Monte de las Bienaventuranzas, quedé sorprendido por su traducción en hebreo, que significa "monte de la abundancia". Así fue como entendí que el mensaje que nuestro amado Jesús dio en ese monte fue un mensaje de abundancia de amor. Quedé sorprendido al ver cómo Jesús usaba perfectamente la dirección del viento y la posición geográfica para que desde esa montaña miles de personas lo pudieran escuchar, ya que es importante recordar que en aquel tiempo no existía lo que ahora para nosotros es normal, como un equipo de audio. Estar ahí es una combinación muy hermosa, yo solo lo describiría como recordar ese gran mensaje de las bienaventuranzas y deleitar tu mirada en una de las vistas más hermosas de la región de Galilea. Simplemente es una experiencia difícil de explicar. ¡Hay que vivirla!

Ambos estábamos un tanto conmovidos, ya que es imposible no estarlo cuando se habla del padre, los hijos y de la madre. A propósito de ella, Marcos siguió contándome:

—En cambio, mi madre es muy diferente. Ella ya lo sabe y está súper contenta, al punto que comenzó a comprarle algunos artículos al bebé. ¡Y ropa de color amarillo para que sin importar si es nieto o nieta luzca bien! Oh sí, mi madre es diferente, ella siempre me ha apoyado. En mis triunfos y aun en mis derrotas ella siempre está conmigo.

—Así es Marcos, de hecho, se cree que el amor más cercano al amor de Dios es el amor de una madre…

¡Oh, los hijos! Como un buen amigo les llama "los que se parecen a nosotros". Tan soñados, deseados y esperados. ¡Qué increíbles son los sentimientos cuando por primera vez los tomamos en nuestros brazos! Tan pequeños, tan frágiles, tan dependientes. ¿Y nosotros, los padres? Nos deshacemos en palabras y gestos de un amor inmenso que crece y crece de manera incondicional. Nos sentimos llamados a cuidarlos, protegerlos y no dudaríamos un segundo en dar la vida por ellos. Por ellos lo damos todo: tiempo, dinero, ideas y esfuerzos increíbles solo porque queremos verlos fuertes, felices y saludables. Son pequeños que se van haciendo grandes y, mientras eso va sucediendo, van aprendiendo de nosotros. La dinámica de cuidarlos y enseñarlos se hace rutina desde el primer minuto que invaden con sus llantos y sonrisas la casa familiar. Aprender a comer, a ponerse de pie, a caminar, a correr, a comportarse en la mesa, a dormir por las noches, a hablar, a comunicarse y la lista de todos los aprendizajes se hace sencillamente interminable. Hasta que ya son grandes. Los bebés ahora son adolescentes, son jóvenes y aun adultos. Aunque pasen los años, ellos no serán otra cosa que el fruto de lo que les fue enseñado y de eso en lo que quisieron ser enseñados. De esto habla Salomón ahora, de enseñanza y de aprendizaje.

Oye, hijo mío, la instrucción de tu padre, y no desprecies la dirección de tu madre;
Proverbios 1:8

No olvides

Un hijo puede olvidarse de muchas cosas. Una tarea, un encargo, una fecha o un horario. Sin embargo, el sabio Salomón nos dice que hay algo que sencillamente un hijo no puede darse el lujo de olvidar: "No olvides, hijo mío, los mandamientos de tu padre y no dejes las enseñanzas de tu madre". Mandamientos. Cabe aclarar que no son los que dan organizaciones, bancos, clubes, jefes o extraños, no. Son los que dan aquellos que aman a sus hijos porque son sus hijos. No hay un mandamiento que un padre dé a un hijo con el fin de hacerle un mal. Si es un padre, no lo hará jamás. De la misma forma Salomón aconseja a los hijos a no rechazar, a no despreciar las enseñanzas de su madre. Puede ser acusada de anticuada o perteneciente a otra época, pero la verdad del asunto es que no hay una enseñanza más cargada de amor y vacía de egoísmos, que sea tan actual como la que da una madre. No los olvides, no los desprecies es la fuerza del consejo del sabio ¿Por qué recomienda no olvidarlos? Simple, porque eso es lo que hacen miles de hijos con sus padres en el mundo. Desprecian el consejo, se ríen de las enseñanzas al punto que vale más lo que diga un compañero de escuela que lo que digan los padres. Olvidar es invalidar y la gravedad del punto no es que se desprecie un consejo, sino que se desprecia al que lo da. Es duro, pero es real.

Mamá

Dicen que había un bebé que estaba a punto de venir al mundo. Estaba con Dios y los últimos preparativos para venir ya estaban finalizados. Pero el bebé le dijo a Dios insistentemente: "Dios, no quiero irme, aquí estoy bien, aquí estoy contento". Sin embargo, Dios le insistió: "Tienes que ir a la Tierra y yo te enviaré un ángel para que cuide de ti, te dará amor de modo abundante, te llenará de ternura y de protección como no imaginas". Mientras el bebé repetía que en el cielo estaba bien, en ese mismo momento una madre estaba dando a luz en la Tierra. Finalmente, el bebé le preguntó a Dios cómo se llamaría el ángel que lo iba a proteger. Entonces Dios, con su mirada hermosa y una simple sonrisa, le dijo: "No te preocupes, tú la llamarás mamá".

Mujer única e increíble. Irremplazable y necesaria. No hay un hijo que haya nacido y no haya venido de ella. No hay hijos si no hay madre. Mama, la primera y dulce forma con la que los bebés le hablan a ese ser como no hay dos. ¿Importa que no tenga educación? ¿Afecta que no sepa leer? ¿La hace más importante tener un apellido noble? ¿Hay un abrazo en el mundo que sea mejor y más sanador que el suyo? ¿Habrá alguien que procure con pasión mi bien y mi progreso más que ella? ¿Modifica en algo que sus dedos estén deformes? En nada. Es mamá, nuestra mamá. ¡Qué deuda de vida tenemos con ella! ¡Cuánta gratitud le debemos! Su dolor, su silencio, sus manos, su amor, sus trabajos, su mirada, sus consejos, sus enseñanzas de vida, todo, todo eso y mucho más nos lo regalan en abundancia a sus hijos. Eso es un honor, eso es un privilegio, eso es un regalo de Dios.

Estas páginas también quieren ser vehículo para honrarlas como se merecen. Una forma de felicitar y bendecir sus existencias. La labor y el amor con el que la llevan a cabo nos hacen privilegiados y aun honrados por ser objeto de sus expresiones de amor y compromiso incondicional. Somos hijos y eso es por ellas. Cuánto deseo motivarte a que con gratitud y dicha abundante mires a tu madre como el privilegio de tenerla, de disfrutarla, y de aprovechar todo lo que ellas son y tienen para nosotros como sus hijos.

Ámala, respétala, hónrala. Todo eso traerá bendición. Todo eso solo puede garantizar beneficios para ti y para los tuyos. Acuérdate que la honra trae bendición. Dijo alguien muy sabio: "Cuando honramos a mamá y a papá tendremos una larga vida en la tierra y nos ira bien en todo lo que emprendamos". Quiere decir, entonces, que así como tratemos a nuestra madre será cómo nos irá en la vida. El sabio no está colocando en el dinero o las inversiones financieras, el fundamento para tener una vida larga y feliz, sino que lo está colocando en la honra que se les dé a los padres. Simple y poderoso a la vez. Por eso trata bien a tu madre. Llévale flores, que sean las mejores y aun las más caras. Hazlo ahora que todavía puede olerlas, verlas, tocarlas y disfrutarlas. ¿Sabes? El día que nuestra madre muera no habrá flores que tengan sentido, ni caras ni baratas, ni mejores ni de ofertas. No estará para olerlas, verlas, tocarlas, disfrutarlas y agradecerlas. Simplemente será tarde. Me es difícil entender cómo existen hijos que, teniendo sus madres, viven como si no existieran o como si no fueran importantes.

Se dice que el amor más cercano a Dios es el amor de una madre. En Proverbios 19:20 se afirma algo increíble: "El que roba a su padre y echa a la calle a su madre es un hijo infame y sinvergüenza". ¡Sin palabras! Honrar a mamá no solo es un deber moral, es un mandamiento dado exclusivamente por Dios. ¿Tienes tu madre con vida? Hónrala, ve ahora a su casa. Prepárale su mejor comida. Vete con ella a caminar. Vístela como reina que es. Homenajéala, habla bien de ella en secreto, di lo mejor de ella en público. Hónrala, elévala, engrandécela y no temas que todos sepan que ella es tu madre. Nada más ni nada menos, tu madre.

Lo arriesgó todo por nosotros, ¿podremos arriesgarlo todo por ellas? Sí, claro que sí. ¡Oh mamá, sigue dándolo todo por mí! ¡No detengas tu obra de amor! ¡No guardes tus caricias, no canceles tus abrazos! ¡Sigue con tu delicada y fuerte forma de amar a tus hijos! ¡Sigue hablando con tus manos! Sigue siendo mi madre, porque como hijo que soy, no tendré nunca la edad suficiente para decir que no necesito que seas mi madre.

Por nuestra mamá es que tenemos vida. Que la vida no nos alcance para honrarla y amarla.

LLAVES PARA VIVIR CON SABIDURÍA

01 Olvídate de muchas cosas, pero jamás de honrar a tus padres.

02 Los padres no solo dan dinero o permisos, principalmente deben dar mandamientos a sus hijos.

03 Como tratamos a nuestra madre es como nos tratara a vida.

04 Lo que una madre enseña a sus hijos, jamás se lo enseñará la escuela.

05 Si tu madre vive aún, no vivas como si no existiera.

06 No hay mejor honor que aquel que se da en vida.

07 Es mucho más lo que la madre calla de nosotros que lo que nosotros queremos decirle.

08 Lo que hace única a una madre no son sus estudios o su cultura, sino los dolores que soportó para traerme al mundo a mí.

09 Trata bien a tu madre, tienes mil formas de hacerlo como amor tengas por ella.

10 Que todos sepan quién es tu madre.

Capítulo 18

Sabiduría de la mujer sabia

Viajando por Israel

Al terminar nuestro recorrido por el Monte de las Bienaventuranzas, descendimos y llegamos a Tiberias, a orilla del mar de Galilea. Un puñado de gaviotas volaban por encima de nosotros. El día, un tanto nublado, y las aguas entre verdes y azules completaban el escenario perfecto para nuestra nueva caminata. Ahora y sin poder sustraernos al paisaje y a la historia, comenzamos a compartir con Marcos algunos de los sucesos acontecidos en tiempo de Jesucristo. El milagro de su caminar sobre el agua, de cómo lo hizo y de cómo fue echado de un pueblo solo por haber sanado a un hombre que estaba poseído. Mientras nos dirigíamos ahora a la barca que nos llevaría a dar el paseo, Marcos me comentaba sobre la enorme influencia que mujeres muy especiales tuvieron sobre él, como su abuela y su madre. Sin lugar a duda, fue marcado por ellas de una manera poderosa, recordando que siempre que tuvo miedos de emprender algo, ellas lo motivaron y lo llevaron de una u otra manera ser quien ahora es. Mientras oía su testimonio, yo me acordé de la historia Timoteo, cuya madre y su abuela lo habían instruido por el camino correcto.

—Sí, así es Marcos, existen mujeres que han dejado huella y aun algunas de ellas han impactado naciones.

Nadie pondrá en tela de juicio jamás que hablar de una madre es hablar de un ser humano tan significativo que lo hace simplemente irremplazable. La conexión poderosa que se establece desde el primer momento entre un hijo y su madre es única e irrepetible. Es mucho más que "ella es mi mama" o "él es mi hijo" Es una relación difícil de definir por su grandeza, como también es difícil de explicar y emocionante a la vez, el que uno haya comenzado a vivir dentro de su sagrado vientre. Cuando los ojos del recién nacido se posan en esa mujer que es diferente a todas, él comienza a reconocerla y luego a llamarla "mamá". Una forma dulce, espontánea, ansiosa de referirse a quien está con él siempre y le provee su alimento. Es así entonces que la combinación cuidado, alimento y admiración conforman un conjunto de sentimientos y sucesos que durarán para toda la vida y que aun continuarán cuando ella ya no esté. Mamá. No hay un rincón en la historia y alrededor de todo el mundo, donde un niño llore al nacer y no haya una madre que sufra dolores de parto.

Se levantan sus hijos y la llaman bienaventurada; Y su marido también la alaba: Muchas mujeres hicieron el bien; Mas tú sobrepasas a todas.
Proverbios 31:28-29

La mujer virtuosa

El sabio Salomón le rindió honores a la madre, a la esposa, a la mujer, por medio de un poema excepcional. Disfrutó haciendo una lista de elogios en un intento de no solo definirla sino también de explicar lo especial que es ella.

Lea, por favor, Proverbios 31:1-31 y considere una lista realmente impresionante acerca de ella: inspira confianza, hace el bien, es trabajadora y creativa en sus trabajos, cuida a su familia todo el día, invierte y hace negocios, no tiene tiempo para la debilidad sino para ser fuerte, es una artista con sus manos, ayuda a los necesitados, en invierno cubre y viste a su familia aunque ella no esté bien vestida, habla bien de su esposo por todos lados, está atenta a cómo marcha su casa y su familia, es fabricante de telas que luego vende, es pura fuerza y hace todo con honor, mira el futuro con entusiasmo, es consejera llena de sabiduría, todo lo que tiene lo ha ganado trabajando, no tiene mucho tiempo para ocuparse de su exterior porque se dedica a su familia y principalmente a tener una relación con Dios todo el tiempo porque ella cree que ahí está el secreto para ser lo que es.

Mujeres únicas

"Y se levantan sus hijos y la llaman bienaventurada, y su marido también la alaba, muchas mujeres hicieron el bien, más tu sobrepasas a todas, engañosa es la gracia y vana la hermosura, la mujer que teme a Dios esa será alabada". Los hijos y el esposo expresan su alegría por saber quién es ella y por el hecho de tenerla con ellos ¿De qué tipo de mujer está hablando el sabio Salomón?, no solo de una mama, sino de mujeres increíbles como, por ejemplo:

- **Abigaíl.** Ella tenía un esposo que era no muy sabio, al punto que se metió en gran un problema con el rey, por el cual este iba en camino a matarlo. Sin embargo, su esposa Abigail salió al encuentro del rey y utilizando de la sabiduría que Dios le dio, solucionó el problema y salvó la vida de su marido. Ella dijo las palabras correctas, en el tiempo correcto. Abigail fue una "solucionadora" de problemas.

- **La mujer Sirofenicia.** Su hija estaba gravemente enferma, lo cual representaba un problema difícil de resolver ¿Qué hacer? ¿A dónde ir? Ella busco y fue a donde estaba Jesús y no temió de rodillas pedirle que hiciera algo por su hija. Aunque la primera respuesta que recibió fue un no, ella insistió, persistió y su perseverancia le dio la salud a su hija.

- **Rut.** Otra mujer extraordinaria, modelo de lealtad. Ella sabía que su suegra se había quedado sola y desamparada y aun contra esa idea de que suegras y nueras no se llevan bien, ella le dijo a su suegra Noemí: "Tu pueblo será mi pueblo, donde tú vivas yo viviré, tú Dios será mi Dios, es más donde tú mueras, yo también voy a morir". ¿Cómo se llama eso? ¡Se llama lealtad!

- **Ester.** Ella pudo haber sido la Miss Universo de su época, la Biblia habla de su hermosura. Sin embargo, en vez de usar su belleza exterior para ganar popularidad y bienestar personal, ella decidió utilizarla para mostrar o resaltar su hermosura interior. Llego el momento crucial de hacer algo por su pueblo que corría riesgo de ser exterminado y ella arriesgo su vida delante del rey por hacer de intercesora de la vida de sus compatriotas. El resultado no solo fue que salvó a su pueblo, sino que también terminó siendo la esposa del rey.

Por supuesto que la lista podría ser más extensa, al punto que no tendría fin si citáramos mujeres no solo de la Biblia sino también de la vida de todos los días. Están por todos lados, haciendo su trabajo silencioso pero efectivo en las casas y en todos los ámbitos especiales que conforman la vida de los seres humanos.

Pero también, y con dolor lo reconozco, debo decir que no todas las mujeres tienen en su lista de características de las mujeres que hemos mencionado aquí. También están aquellas que son especiales por no aportar para que otros vivan mejor, sino todo lo contrario.

- **Jezabel.** Reina, esposa de Acab. Su habilidad para manipular, odiar y eliminar sistemáticamente a quien no pensara como ella, era realmente asombrosa y peligrosa.

- **Dalila.** La famosa mujer de Sansón. Que supo usar sus encantos para envolver, convencer y entregarlo a sus enemigos. Su habilidad para sacarle información que luego resultó en su escarnio y su muerte, es famosa en la historia solo por eso.

Hay hombres que hacen el bien y otros que no, de la misma forma mujeres que hacen el bien y otras no. Lo cierto es que unos y otros hacen lo que hacen con sus vidas por una sola razón: su propia decisión. Nadie es malo o bueno por naturaleza, sino por decisión. Antes de hacer todos debemos decidir lo que haremos y luego entonces procedemos. La mujer que es alabada en el Proverbio 31, decidió conducirse de esa manera. Está claro que podría haber hecho exactamente todo lo contario, como muchas lo han hecho a lo largo de la historia con sus familias o sus hijos.

Mujer, tú decides

Sí, de eso se trata, de decidir y de decidir bien. Hay un detalle en esta lista de elogios del sabio Salomón que es muy importante tener en cuenta. La mujer no se alabó a sí misma, sino que otros lo hicieron, es decir, sus hijos, su esposo y sus amistades. No es un detalle menor. Al mundo le hace mal "la vanidad del que se aplaude a sí mismo". Algo así como "yo creo que soy el mejor del mundo" suena mal, huele mal. La mujer vivió como decidió vivir y no se ocupó de otra cosa. Al final del proceso, los hijos y el esposo ya dejan de honrar y elogiar en silencio a su madre o esposa, por eso lo publican, lo hacen saber, se lo cuentan a todo el mundo.

Mujer, decide ser la mejor esposa del mundo, la mejor madre de la historia y simplemente hazlo. Solo preocúpate por eso, el resto, fama, reconocimiento y aplausos, llegarán antes de lo que te imaginas.

Madre, no hay en todo el planeta un lugar donde no se venere su nombre y no se agradezca su existencia.

LLAVES PARA VIVIR CON SABIDURÍA

01 Tu madre o tu esposa no valen por lo que te dan, sino por lo que son.

02 Si algo hacen las mamás, las esposas, es solucionar problemas. Y créame que lo hacen con la gran mayoría.

03 Mujer, no eres un problema; el problema es que tú no estés para solucionarlos.

04 Si algo puedes aprender de tu madre o tu esposa es perseverancia.

05 El amor de una madre hace que un hijo jamás se rinda.

06 Nadie quiere más tu bien que tu esposa. Valora eso y sé feliz.

07 El mejor de los trabajos es ese que no hace ruido de modo que todos lo sepan, eso precisamente hace una madre.

08 Mujer, tienes la opción de decidir ser sabia.

09 Mujer, no eres una molestia, lo que molesta es que algunos te lo quieran hacer creer.

10 Mujer, ya deja de vivir por el valor que otros te dan, eres creación de Dios, tu valor es incalculable.

Capítulo 19

Sabiduría en las finanzas

Viajando por Israel

El recorrido por Galilea fue inspirador, inolvidable. Hacia el final de andar por esa tierra, subimos los escalones que nos llevarían al centro de Tiberias. Los vendedores nos enseñaban sus productos asegurándonos que ellos tenían los mejores precios. Tiberias es una ciudad rodeada de montañas hermosas, y mucha gente vive allí. Al abordar el ómnibus que nos llevaría a Nazaret, íbamos, como no podía ser de otra forma, hablando sobre lo hermoso que es Galilea y sus paisajes. Camino a Nazaret el bus se detuvo un momento a probar los deliciosos vinos que venden en Caná de Galilea, allí donde el Maestro convirtió el agua en vino. ¡Qué suceso tan extraordinario! Mientras probábamos el vino, los vendedores nos mostraban las diferentes variedades que tenían. Nos mostraron uno de granada que no contiene alcohol. ¡Qué gran vino! Esa fue una oportunidad para que Marcos dijera algo más.

—¿Sabes Tony?, al tomar este vino recordé cuando mi padre fue muy próspero financieramente. Él compraba los mejores vinos. Aún recuerdo que muchos de los vinos eran exportados de aquí de Israel, de Italia y de España... Pero termino mal, perdió varias de sus empresas, acabó endeudado. Es más, mientras perdía todo, yo alcancé a ver cómo, literalmente, los años se le vinieron encima. Su rostro empezó a envejecer, su cabello negro empezó a blanquear porque simplemente no supo administrar sus finanzas. Ahora yo, como administrador de empresas, sé que ese fue su error. Él era muy inteligente, por eso a mí como su único heredero, me envió a la universidad a aprender cómo se deben de administrar las finanzas.

—¡Qué interesante! ¬—exclame yo—. Marcos, entonces tú podrías decirme a mí cómo es que se administran.

—Claro ¬—contestó Marcos—, aunque me siento un poco incómodo intercambiar papeles ya que todo el tiempo has sido tú quien me ha dado lecciones de vida.

—No te preocupes —le respondí—, parte de mi conocimiento se debe a que no soy de mente cerrada, porque sé que cada persona tiene algo que aportar a mi vida. Además, aunque soy un hombre a punto de jubilarme, tengo algunos ahorros y algunas inversiones y no estaría de más saber qué hacer con ellas.

Hablar de finanzas, de dinero, de prosperidad le eriza la piel a más de un ser humano. Molesta, despierta sospechas y no deja de ser un tema un tanto controversial. Sencillamente la relación fe y finanzas es para muchos un verdadero imposible. Pero más allá de esas y de tantas formas de ver el asunto, es claro que la Biblia no esquiva este tema y, por el contrario, enseña al respecto con toda autoridad. Pero más allá de los prejuicios y la falta de información al respecto, es indudable que una forma de medir y describir la fe que opera en alguien es por medio de su progreso. Por esa razón, se hace imposible que sea de otra forma. Si hay fe, entonces hay progreso. Esto contrasta con algo que por lo menos preocupa y mucho. Cuando la fe se viste de religión, el resultado son rituales, prohibiciones, penitencias y condenas. Pero cuando la fe viene directo del corazón de Jesucristo, el inventor de la fe, el resultado es desarrollo, avance, progreso, superación.

La bendición de Dios es la que enriquece,
y no añade tristeza con ella.
Proverbios 10:22

El poder de la bendición

Salomón también habla y aconseja acerca de las finanzas. Lo primero que llama la atención es la relación poderosa que existe entre la bendición y las riquezas. Deja en claro que Dios bendice, es decir hace y promueve el bien en todas sus formas. Esto es bueno recordarlo en medio de un mundo que cree que Dios es y hace todo lo contrario. Estudiemos esta declaración. En primer lugar, Salomón afirma que "la bendición de Dios es la que enriquece". ¿A qué se está refiriendo? A algo así sencillo de entender como poderoso de poner en práctica. "La bendición de Dios enriquece", en otras palabras podría decirse así: el resultado de la bendición de Dios enriquece. Como consecuencia directa de la obra de la bendición, la persona es enriquecida. Cuando Salomón habla de "la bendición de Dios" se está refiriendo a por un lado a su Presencia que protege y acompaña, la cual garantiza que el final sea disfrutar alguna clase de bien. Que la bendición de Dios enriquezca implica que hace bien a quien la busca, mostrándose ese bien no solo en un bienestar espiritual e interior, sino también en un crecimiento o aumento visible en las cosas que la persona emprenda. Bendición es mucho más que "declarar palabras de bien sobre alguien". En relación con Dios, es su compromiso de acompañarme, cuidarme y de llevar mi vida hacia un final de bien, de aumento, de desarrollo. Así que enriquecerse no es solo amontonar riqueza, es mucho más. Es integral, involucra todas las áreas de la vida de una persona. La riqueza por eso es tanto un estado interior de felicidad, una estabilidad asombrosa de la vida como un todo, y de crecimiento y aumento de cosas materiales.

Funciones del dinero

Cada uno de nosotros tenemos ingresos y egresos. Recibimos dinero, pero también lo gastamos. Eso mueve la rueda de nuestra vida. Ya lo dice Salomón en Eclesiastés 10:19: "el dinero sirve para todo". ¡Y es verdad! Para bien o para mal, si hay dinero es posible que lo que uno se proponga lo logre. La definición más popular para dinero dice que es "un medio de intercambio común, generalmente aceptado por una sociedad que es usado para el pago de bienes, servicios y todo tipo de obligaciones". Así es que cuando damos dinero, recibimos beneficios por él. Eso facilita las transacciones comerciales o de cualquier tipo. El ser humano desde hace muchísimos años ha tenido la posibilidad de no solo obtener cosas para vivir, sino también de vivir para obtener cosas. Eso ocurre cuando el dinero y su acumulación pasa a ser el objetivo más importante en la vida de una persona. Ese es el más común de todos los errores humanos.

El dinero es para:

- Dar

- Solo cuando se tiene mucho se puede comprobar qué tan cierto es que una persona es generosa. Dicho de otra manera, "todos son generosos hasta que tienen mucho dinero".

- Lo maravilloso de esto es que mi dinero puede suplir de modo efectivo una necesidad real que otro ser humano está sufriendo.

- Dar, implica desprenderse sin esperar retorno de ninguna clase, ni lamento de ningún tipo. Lo que se da, se va para ayudar a alguien más.

- Ahorrar

- Es tanto lo que "nos quedó de dinero" después de un cierto periodo o lo que intencionalmente separo de mis ingresos.

- Para ambos casos el fin no es "guardar por guardar", sino con el objetivo de utilizar esos recursos en un futuro para la obtención de algún bien.

- Invertir y gastar

- El gasto es dinero del que uno se desprende y no vuelve

a recuperar. Se va al ser "gastado" en una pizza para comer o en alguna prenda para vestir.

- La inversión no es un gasto, es la utilización de cierta cantidad de dinero o recursos con el fin de duplicar y ampliar las ganancias.

- Los ahorros guardados pueden ser invertidos en proyectos o posibilidades para que no solo se dupliquen o tripliquen, sino también para expandir las posibilidades de negocios y desarrollo.

No añade tristeza

El problema de muchas personas es "la tristeza" que se les añade en la obtención y utilización de su riqueza o dinero. Eso es por causa de algunas razones bien concretas. El origen del dinero y el uso que se le da. Si el dinero es "mal habido" difícilmente se pueda disfrutar, en todo caso amargará la vida de la persona. Por eso, así como llega se debe ir rápidamente. ¿Por qué no añade tristeza? Porque si viene de Dios, es decir de la bendición que Dios da a nuestros proyectos, significa que el dinero es "bien habido", o sea ganado con honestidad, con esfuerzo, con creatividad. Jamás pueden añadir tristeza las bendiciones que vienen de Dios sino todo lo contrario. ¿Quieres una señal concreta y poderosa de que Dios te bendice? Tu alegría, tu paz, tu disfrute será un derecho que nadie podrá juzgar porque para prosperar has hecho bien las cosas. Eso no es buena suerte, ni tampoco tener "el favor de cosmos", eso es bendición de Dios. Es que la relación con él es religiosa, aburrida, hueca y sin frutos o es progreso, alegría y estabilidad.

Necesidad de balance

Muchas personas viven endeudadas. Es que gastan demasiado o ahorran demasiado o dan demasiado. Eso denuncia un problema y es que por alguna razón no han entendido que debe haber un balance. Si para algo será útil la sabiduría es precisamente para eso, para equilibrar la vida. Maravillosa palabra, equilibrio. Si la bendición de la que nos enseña Salomón producirá en nosotros alegría, lo cual nos puede empujar a obtener cosas, es allí, cuando quieres comprar un auto o una casa, lo "consultas" con Dios para tener luz verde de su parte. Eso debe llenar de paz tu corazón, no deberá haber intranquilidad ni tristeza ni mucho menos alguna clase de dolor, porque de ser así, aunque sea una casa increíble, no es una bendición de Dios. Será una mala decisión y las malas decisiones traen malas consecuencias. Si compras algo que no está en tu presupuesto, lamentablemente tendrás que buscar un trabajo extra o tendrás que pedirle a tu esposa que tome otro trabajo y le restarás tiempo al disfrute de tu familia.

En una ocasión, José le dijo al faraón egipcio que venían siete años de abundancia y luego siete años de hambre, y debían organizarse para ambos tiempos. Guardar en la abundancia, para vivir los años cuando todo falte. Abundancia y escasez. Después del verano, viene el invierno. Por eso cuando tengas buenas finanzas, no las gastes todas, ahorra para cuando haya necesidad. La bendición de Dios es la que enriquece y no añade tristeza con ella. No lo olvides.

Quien practica la fe se desarrolla, progresa, crece, prospera y avanza. Eso es propio de la fe.

LLAVES PARA VIVIR CON SABIDURÍA

01 Si hay fe, entonces hay progreso.

02 La bendición de Dios en una vida se mide por el progreso, tanto espiritual como material.

03 No hay conflicto entre bendición y riquezas. La segunda es consecuencia de la primera.

04 Riqueza material no es igual a riqueza integral, por eso hay tantos ricos que no son felices.

05 El problema no es que tengas dinero, sino que el dinero te tenga a ti.

06 Cómo das y cuánto das para cubrir una necesidad dice qué tanto el dinero controla tu vida.

07 No gastes todo lo que tienes. No hay necesidad.

08 No puedes gastar más de lo que ganas, eso se convertirá en deuda y por supuesto te añadirá tristeza.

09 Si tus bendiciones vienen de Dios, no retengas tu honra y tu gratitud a Él.

10 Algunos sirven a Dios hasta que Él los hizo prosperar. Entonces se olvidaron de Dios y no parece que se preocupen por eso.

Capítulo 20

Relaciones interpersonales

Viajando por Israel

Al acercarnos a Nazaret, el guía nos explicaba que una de las características más importantes de esta ciudad es el hecho de que aquí conviven judíos cristianos y árabes. En este lugar no se escuchan rumores de violencia, ni tampoco episodios de enfrentamientos entre ellos. Por eso era imposible no detenerte y reflexionar en cuanto al porqué esta ciudad tiene tal característica, siendo que en otras ciudades de Israel suceden casos de violencia y enfrentamientos constantemente. No encontré otra respuesta más cercana a que simplemente ahí el Mesías dejó su huella, la de amarse los unos a los otros a pesar de las diferencias. El guía continuaba narrando algunos sucesos acontecidos en Nazaret, por ejemplo de que ahí fue donde el ángel Gabriel le anunció a María que ella concebiría un hijo sin haber conocido varón. Se cree que ahí, donde existe el templo llamado "La iglesia de la Anunciación" es donde le fue comunicada a María esa extraordinaria noticia. El templo tiene cincuenta y cuatro metros de altura y su cúpula se puede ver desde cualquier lugar de la ciudad. Hoy en día Nazaret es una ciudad muy próspera. La charla fue tomando otros rumbos.

—Administrar. Sí, eso es lo que me gusta hacer Tony. Así como tú disfrutas ayudando a la gente con tus consejos sabios, a mí me gusta ayudar a la gente a administrar sus finanzas. Lamentablemente cuando lo he querido hacer muchos se han molestado, incluso familiares y amigos me han dejado de hablar. Yo los he buscado, pero muchos hasta me han bloqueado de su teléfono, no sé qué hacer.

—No te preocupes Marcos, estas cosas suelen suceder —y continué diciendo—: ¿Recuerdas cuando te hablé de que a Jesús lo echaron de Genesaret? Hay una lección ahí: existen personas que no deberían de estar en tu vida, aunque tú desees estar con ellos, si ellos no valoran tu amistad o tus enseñanzas debes dejarlos ir.

Somos seres de relaciones. Las necesitamos, por eso buscamos construirlas y nos duele cuando se resienten o se rompen. Nacemos y nos damos cuenta de que no somos absolutos, que no podemos prescindir de ellas. No venimos al mundo y "la nada" nos recibe. Siempre se comienza la aventura de vivir la vida en el marco de relaciones que son vitales, significativas e irremplazables, como la familia. La presencia de un padre, una madre y eventualmente de hermanos hace a la construcción psicológica saludable de todo ser humano. En la medida que vamos creciendo, va creciendo también nuestra necesidad y habilidad para construir más relaciones. Las buenas relaciones son una de las cosas más caras de obtener. Salimos cada día a la vida con la necesidad de aumentar la cantidad de relaciones o de amigos. De allí los amigos de la infancia, los de la escuela, los del barrio donde vivimos y una innumerable cantidad de relaciones que se hacen y se deshacen hasta hacernos adultos. En esa necesidad de tener y construir relaciones interpersonales, también nos vamos dando cuenta de otras cosas y es que, sin ánimo de categorizarlas, existen diferentes tipos de relaciones. Existen las que hacen bien y las otras, las que hacen mal. Unas que vale cuidar y otras que simplemente habrá que dejar pasar. La suma o la resta a la que me refiero no es algo insignificante que no debe ser tomado en cuenta. ¿Por qué?, porque a lo largo de toda nuestra vida necesitaremos establecer relaciones con otras personas.

Manzana de oro con figuras de plata,
es la palabra dicha como conviene.
Proverbios 25:11

Hablar bien, para relacionarse bien

Salomón presenta una de las claves más efectivas para construir relaciones interpersonales. Noten que no complica el asunto, lo hace tan sencillo de entender al punto que condiciona el éxito y la salud de una relación a una sola cosa: la forma de decir las cosas o "usar la palabra como conviene". El recurso que utiliza no podía ser mejor: "manzana de oro con figura de plata". Es una forma maravillosa de señalar el altísimo valor de "hablar" como corresponde. Oro y plata juntos dándole forma a una manzana, ¡impresionante! ¡El valor de hablar bien no tiene precio! Debemos entender que una relación no funciona por lo regalos, aunque también son necesarios ni mucho menos por el solo hecho de quererlo. Es una responsabilidad de peso que demanda de nosotros cuidar la forma en que nos comunicamos con el otro. Todo puede ir bien ¡hasta que hablamos! Aquí también hay necesidad de no olvidar algo que ya he presentado en páginas anteriores respecto de inteligencia y sabiduría. La primera es acumulación de conocimientos, y la segunda la habilidad de aplicar esos conocimientos de la forma adecuada y en el tiempo adecuado. La "palabra dicha como conviene" refiere a esas palabras que antes de salir de nuestra boca como puñales, son pesadas, pensadas y cuidadosamente seleccionadas con el fin de honrar, ayudar, sanar, alentar, acercar, unir y no todo lo contrario. Es necesario que aprendamos a hablar, a comunicar. Dice el dicho popular "no hables porque tienes boca" y en materia de relaciones interpersonales eso tiene más vigencia que nunca. Algunos hablan y alteran ánimos y dañan relaciones, pero otros lo hacen con gracia, con sabiduría y con obvia intención de edificar, de acercar, de reunir, de solucionar. Esas personas son una bendición porque suman a tu salud, a tu vida y con su actitud te dan la posibilidad de que tú sumes a la vida y la salud de ellos.

Personas tóxicas

Aunque no lo creas, existen. Sí, existen esas personas que son tóxicas, esas que no suman valores de ninguna clase a tu vida, sino que claramente restan. No hablan, gritan. No se comunican, desprecian. No buscan la paz, siempre están listos para la guerra. No acercan, no concilian, no unen, solo rompen, alejan, sospechan y destrozan relaciones. Debemos tener mucho cuidado con qué tipo de personas nos vamos a relacionar. Saber elegir allí será una necesidad.

Pero Salomón va a decir algo mas al respecto en ***Proverbios 17:12:***

Mejor es encontrarse con una osa a la cual han robado sus cachorros, que con un fatuo en su necedad.

¡Qué consejo y que comparación! Si hay un animal peligroso ese es un oso. Pero si existe un animal con quien nadie debiera cruzarse es con una osa a la cual le han robado sus cachorros. Ella hará todo lo que sea por recuperarlos, incluso matar al ladrón. En esas condiciones se vuelve peligrosa para cualquiera. Lo que hace Salomón es poner en claro lo grave que es encontrarse con una persona fatua, tonta, torpe, necia. No deben ofendernos los términos que utiliza, porque describen exactamente la actitud de muchos que destruyen relaciones por causa de su necedad. Están empecinados en obrar tontamente. No les interesa construir, les da lo mismo ser o no ser amigo, seguir o abandonar una relación. Podemos decidir ser tontos, pero también ser sabios en nuestra forma de hablar y de actuar. El mismo señor Jesucristo debió enfrentar el tema. En una ocasión, se encontró con un joven al que invitó a que vendiera todo, lo diera a los pobres y lo siguiera. El muchacho decidió por no seguirlo, se dio media vuelta y se fue. Cuando hizo eso, Jesús en ningún momento le rogó a que se quedara. Se dio cuenta de que ese hombre no entendía su mensaje ni su misión, por lo cual si lo seguía se estaría incorporando un dolor de cabeza. Problema. Cristo lo dejo ir. En otra oportunidad sucedió algo similar. Llegó a un lugar donde hizo un milagro extraordinario, y todo el pueblo corriendo hacia Él le gritaba "¡aléjate de nosotros, vete de aquí!" ¡Increíble! Eso demuestra que hay personas que no toleran el bien o lo bueno, por eso ellos te sacan de sus vidas. Por eso será importante reconocer que hay personas tóxicas que debieran alejarse de nosotros y nosotros de ellas, por el bien de ambos.

Cómo tener buenas relaciones

Por lo menos tres consejos ayudarán a mejorar nuestras relaciones interpersonales.

1. **Busca hablar en persona.** Las relaciones deben ser cuidadas, protegidas y aun enriquecidas para que sean fuertes y duraderas. Una de las formas de hacer esto tan importante es evitar enviar textos vía teléfonos o redes sociales. Si en verdad es importante lo que debes comunicar, evita hacerlo por esta vía. ¿Por qué? Porque puede ser malinterpretado. Un texto es frío, insensible, no tiene gestos, no se puede codificar en cuanto a expresiones y principalmente en lo que respecta al lenguaje corporal. En cambio, "persona a persona" todo se hace real, visible, cierto, directo y por supuesto eso es mucho mejor, porque expresas con mayor eficacia y libertad lo que realmente quieres decir. En "persona a persona" no hay malentendidos.

2. **Tener empatía.** Esto algo fundamental. Sentir como el otro siente. Dolerse con él, ponerse en su lugar. Indudablemente esto engrandece una relación, la lleva a otro nivel. Es que no todos quieren "ponerse en los zapatos del otro" porque eso significa renunciar a sentimientos propios solo con el fin de darle prioridad a lo que la otra persona siente y sufre. Difícilmente se pueda comprender la situación que la otra persona está atravesando si no hay empatía. Escuchar la queja, el dolor y la angustia de la otra persona, renunciando a la posibilidad de contar la angustia propia, es se llama empatía. Sentir el dolor del otro es una renuncia intencional al egocentrismo, gracias a la cual ya no

somos el centro de la atención, para permitir que lo sea la otra persona.

3. **No ser soberbio.** La soberbia y la arrogancia son expresiones de nuestro interior que alientan el individualismo. Ningún sentimiento de superioridad provoca acercamiento y aprecio sino todo lo contrario. No puede prosperar una relación donde uno o ambos involucrados en ella se muestran superiores al otro. Eso no promueve el aprecio, la compresión ni el acuerdo sino todo lo contrario. La soberbia no logra que uno llore, ría ni se alegre con el triunfo del otro. La mejor relación es esa que no controla, no condena, no amenaza, sino que busca mil y una maneras de poder consolidarla por medio del respeto, el aprecio y la honra.

Las relaciones humanas no son un lujo, son una necesidad.

LLAVES PARA VIVIR CON SABIDURÍA

01 No es verdad que puedes vivir solo y valerte por ti mismo, alguna vez necesitarás de alguien.

02 Hay relaciones que suman y otras que restan. Cuál de las dos priorizarás es decisión plenamente tuya.

03 Tu forma de hablar no solo es una forma de comunicarte, sino también de construir o destruir relaciones.

04 Si vas a hablar para herir, mejor no hables.

05 Si vas a hablar para sanar y edificar, por favor no hagas silencio, habla.

06 Es importante que te alejes de personas tóxicas, pero más importante es que tú no lo seas para los demás.

07 Las relaciones interpersonales, no se cuidan solas, las cuidan los que quieren tenerlas y mantenerlas.

08 No mandes a nadie a decir algo de tu parte, ve tú y hazlo cara a cara.

09 Si tan solo hicieras el esfuerzo por comprender el dolor del otro, tendrías una relación saludable.

10 La humildad gana amigos y consolida relaciones, la soberbia los hace huir y aumenta las distancias.

Capítulo 21

Pereza versus trabajo

Viajando por Israel

Y como estaba planeado, llegó el turno de conocer la bella Nazaret. Cuando llegamos allí, el ómnibus se detuvo justo frente a una fuente de agua, donde según se cree, María la madre de Jesús, iba con su cántaro por el agua. Aquí fue donde Jesús vivió su niñez, adolescencia y juventud. Por eso la gente le llamaba Jesús de Nazaret, aunque él no nació ahí, fue allí donde el evangelio de Lucas 2: 52 afirma que creció en sabiduría, estatura y gracia. Después de haber recorrido gran parte de Nazaret, nos subimos al autobús. Marcos, emocionado, me hablaba de la gran alegría que sentía. Era el mejor viaje de su vida, ya que usualmente en sus viajes anteriores se había encontrado con sorpresas negativas. Pero este viaje estaba lleno de experiencias inolvidables.

—En realidad ¬—me dijo—, invité a algunos amigos a venir conmigo a este viaje. Ellos deseaban hacerlo, sin embargo, aunque les ofrecí que solo pagaran su boleto de avión, sabiendo que mi amigo nos hospedaría en su casa en

Jerusalén, ellos decidieron no hacerlo ¿Por qué? ¡Porque les gustaba dormir hasta muy tarde y no les gustaba eso de trabajar más que lo suficiente! Era un trabajo enorme viajar al otro lado del mundo y tener que ajustarse a horarios y todo eso. Preferían “ir pasando el día y la vida”. ¡No querían hacer el esfuerzo!

—Así es, Marcos —le respondí—. La única diferencia entre tú y ellos es la manera de pensar. Tienen la misma edad, la misma fuerza y las mismas veinticuatro horas del día, pero no el mismo pensamiento, ni menos la misma actitud. Recuerda: las personas que trabajan y se esfuerzan tienen sus recompensas, los demás, simplemente jamás la tendrán…

Estar cansado es algo habitual, natural, lógico. Lo cierto es que existen todo tipo de cansancios, aunque el más habitual es ese que viene por el hecho de trabajar. El esfuerzo con el que se hacen las tareas hace que uno se canse. Otra cosa muy diferente es estar cansado, pero de hacer absolutamente nada. Sí, hacer nada también cansa. Esto no tiene nada que ver con no tener empleo o no tener trabajo cuando se quiere trabajar. Tiene que ver con no querer esforzarse. La falta de ganas hace que los movimientos de la persona sean todos lentos. Eso se llama pereza. Es notoria la falta de motivación y del mismo modo de compromiso y responsabilidad para cumplir con las obligaciones. Ese es el mal de muchos, no tienen ganas de emprender nada, de esforzarse por lograr ciertas cosas, por eso su disposición para emprender desafíos es prácticamente nula. Muchas personas creen que el trabajo es una maldición. Otros lo ven como el castigo impuesto al ser humano cuando desobedeció a Dios en el Edén. Resulta ser que no es ni uno ni lo otro. El trabajo es una bendición. Tal así es que Jesucristo, el hombre más extraordinario que existió en la Tierra, dijo un día: “mi padre trabaja, yo también trabajo”. Sí, el trabajo no es una molestia, no es una carga, no es una condena, es una bendición que debe ser practicada con responsabilidad, con alegría y con gratitud. El trabajo es una forma de realización personal, nada más maravilloso que hacer y esforzarte en lo que te gusta y, encima de eso, recibir tu paga. El trabajo dignifica al punto de que practicado con esfuerzo y honestidad, constituye la forma principal gracias a la cual el ser humano puede progresar en la vida.

Perezoso, ¿hasta cuándo has de dormir? Un poco de sueño, un poco de dormitar, y cruzar por un poco las manos para reposo; así vendrá tu necesidad como caminante, y tu pobreza como hombre armado.
Proverbios 6:9-11

Perezoso ¿hasta cuando?

Salomón no oculta su molestia con los que no tienen ganas de esforzarse y trabajar. Noten que, en vez de llamarlo por su nombre, lo llama por su forma de ser: perezoso, o sea, "holgazán, vago, zángano, haragán" Los sinónimos no solo hacen más claro el significado de perezoso, sino que ayuda a entender mejor la gravedad de quienes deciden vivir la vida de semejante manera. La pereza es tan placentera para algunos que no les permite poner "una fecha" para dejar de serlo. Eso fastidia al mundo trabajador, eso molesta a los que se esfuerzan día a día, porque directa o indirectamente el perezoso se convertirá en carga del que trabaja. Llama la atención que Salomón no solo le pregunta hasta cuándo, sino que también describe los típicos modos de uno que no tiene ganas de trabajar. Se pasa el día acostado intentando dormir, pero cuando sale de la cama y se sienta no es para "comenzar el día de trabajo" sino para "cabecear", cruzarse de brazos y terminar diciendo "estoy cansado me voy a dormir". Estar cansado no es igual a ser un vago, un haragán o perezoso. No, no es igual. Si el trabajo es una bendición, la pereza es totalmente todo lo contrario.

- **La necesidad vendrá como caminante.** Que no quiera trabajar no quiere decir que no tenga necesidades, porque ciertamente las tiene y las tendrá. Es categórico en esto al decir que las necesidades "vienen hacia el como un caminante", dando a entender que como cualquier ser humano tendrá que cubrir necesidades de todo tipo, pero como no quiere trabajar, no tendrá forma de resolverlas.

- **La pobreza como hombre armado.** Es impresionante el uso que hace de esta figura. Un hombre armado es alguien que, por tener un arma en su poder, somete a quien se le resista. La idea tiene que ver con un delincuente que sin misericordia no dudará en dispararme si no le doy lo que me exige. Esta es la más dura de todas las consecuencias. La pereza indefectiblemente lleva a la pobreza. No solo que no tendrá recursos para cubrir ciertas necesidades, sino algo que es peor, su pereza lo condena a no tener ni lo más básico para sustentarse, eso es pobreza. No es culpa de nadie, solo del que no tiene ganas de trabajar.

En una ocasión le preguntaron a un hombre que si sabía quién era el hombre más rico de la Tierra, a lo que inmediatamente él contestó: "Sí, lo conozco; es más, vive en Austin, Texas, su nombre es Elon Musk". Luego le hicieron otra pregunta: "¿Conoces al hombre más pobre de la Tierra?" Dijo: "No, no lo conozco" Entonces le indicaron: "Te diremos quién es el hombre más pobre y miserable de la Tierra, es aquel que vive sin sueños, sin metas, sin objetivos, que no tiene una idea clara ni una visión de hacia dónde se dirige".

La ley de la Inercia

En Física, la primera ley de Newton es la ley de la inercia. Él la explica de esta manera: "Todo cuerpo permanece en su estado de movimiento rectilíneo o uniforme, a menos que otras fuerzas actúen sobre él". ¡Impresionante! ¿Sabes? de la misma manera sucede con los "zánganos, haraganes, vagos y perezosos", no hay fuerza alguna que los pueda mover de sus camas o sus sillones. Su pereza es inercia pura, ninguna fuerza actúa sobre ella para que deje de serlo. Por eso carecen de objetivos claros y de metas reales y alcanzables. ¿Qué marca la gran diferencia entre la gente perezosa y la trabajadora? Su mentalidad. Sí, la manera de pensar. El perezoso, simple y sencillamente culpa a todo el mundo de su desgracia, no importa quien sea. Padre, madre, país o presidente de la nación. En cambio, el hombre trabajador, tiene una mentalidad diferente. Sí, tiene los mismos problemas que el perezoso y para los cuales se le requerirán los mismos esfuerzos, pero su enfoque frente a la vida es totalmente distinto. No está buscando problemas, sino que está buscando soluciones. Sabe que el proceso de esas soluciones que busca le va a doler, le va a costar y que deberá maximizar su potencial para lograr y alcanzar lo que se ha propuesto. No es muy difícil de entender. Si por vago o haragán no trabajo, las necesidades más básicas no serán cubiertas y la pobreza será el estado final que me aguarda. Si trabajo, y lo hago con responsabilidad, esfuerzo y compromiso, serán inevitables la prosperidad, el progreso, el avance y el desarrollo. Esas serán las consecuencias lógicas que alegrarán mi vida.

En esa misma línea Salomón sigue diciendo: "Has visto hombre diligente en su trabajo, delante de los reyes estará, no estará delante de los de baja condición". Una persona diligente es una persona responsable, es alguien que entiende su compromiso con la vida, con la sociedad, con la familia y hace lo que debe hacer, así le cueste esfuerzo, sudor y ¿lágrimas? El hombre y la mujer que creen que el trabajo es una bendición, cumplen con sus tareas diarias, grandes o pequeñas, con agrado, con entusiasmo, con alegría, sin ninguna clase de queja en sus labios, porque se dan cuenta de que están avanzando y lo hacen porque no temen trabajar duro. Por si alguien no entendiera lo que dice, Salomón da el ejemplo de las hormigas. Ellas, durante el verano trabajan para que en el invierno tengan provisiones suficientes para mantenerse y vivir. Así que esfuérzate hoy y continúa haciéndolo mañana. No te sientes, no te duermas, no te quejes. Despiértate, levántate y con esfuerzo, valentía y determinación haz lo que tengas que hacer. Por eso, o contemplas el paso de los triunfadores o te unes a ellos para llegar a la cima de tus objetivos más sagrados.

He visto prosperar a gente fracasada.
Pero nunca he visto prosperar
a gente con excusas.

LLAVES PARA VIVIR CON SABIDURÍA

01 Que estés cansado de hacer cosas no es igual que lo estés por no hacer absolutamente nada.

02 La pereza es un obstáculo importante que debes superar si quieres lograr cosas significativas en tu vida.

03 Los que no trabajan y no se esfuerzan son un problema para los demás.

04 Trabajar no es una condena, es una forma de realizarte como persona.

05 No hay pereza que lleve a nadie a la riqueza.

06 No busques problemas, busca soluciones.

07 ¿Tienes ideas? ¡Entonces tienes trabajo!

08 No puedes abandonar tus sueños por lo duro que resultará el proceso, simplemente no puedes ni debes.

09 Ser perezoso o ser trabajador es una decisión.

10 Si el trabajo es una bendición, entonces ¡disfrútalo!

Capítulo 22

Que los demás lleven sus cargas

Viajando por Israel

Al terminar nuestro recorrido por Nazaret, acordamos aprovechar el día e ir al Mar Muerto. Como el viaje no era cerca, tomamos una pequeña siesta primero. Entrada la tarde pudimos ver los colores que el sol refleja a esa hora sobre una superficie cristalina, mirábamos el mar habitado más profundo del mundo ya que está a unos cuatrocientos veinte metros bajo el nivel del mar, siendo este el lugar más bajo de toda la Tierra.

—Es verdad, quise ayudarles —me dijo Marcos—, pero ahora entiendo que hice bien en no hacerlo. De haberlo hecho les hubiera causado un mal. Es que ellos dependen de la ayuda del gobierno, el cual les ayuda con un 70% de sus gastos, les paga la vivienda y hasta reciben "vales" para adquirir comida. Yo me metí un tiempo en sus vidas y tuve la impresión de que la miseria de ellos como que se quería apoderar de mí. Es increíble, pero ellos se sienten víctimas, si no les dan, se sienten pobres y si les dan a otros, acusan a los que dan de verdaderos racistas. ¡Es increíble! Pero eso sí, en la temporada del mundial de fútbol, ninguno de ellos fue a trabajar para no perderse ningún partido. En vez de trabajar y planificar su descanso como la gran mayoría lo hace, ellos no lo hicieron así. Por eso hasta les pagué la renta. Pero un día mi madre se me acercó y me vio muy triste. Cuando le dije que a mis amigos les habían cortado el agua y la luz y no tenían los servicios básicos para vivir bien. Ella, que conocía muy bien la forma de vivir de mis amigos, me dijo: "hijo, no cargues cargas que no son tuyas, ya es suficiente con las tuyas". Y mi madre tenía razón.

Vivimos en un mundo de responsabilidades. Nuestras y de otros. Si prestamos atención nos daremos cuenta de que buena parte del día de todos nuestros días de vida, los vivimos cumpliendo con responsabilidades. No importa el tipo, lo que importa es que debemos cumplir con ellas. Pero en ocasiones ocurre que, por ciertas razones o circunstancias, no dejamos que los demás cumplan con sus obligaciones. Razones ciertamente hay muchas, pero ocurre. Es muy habitual observar ese fenómeno a nivel de la familia, más específicamente en las responsabilidades que deben cumplir nuestros hijos. Nos pasa a los padres eso de que nuestros hijos son eternamente "pequeños, inmaduros y necesitados" de nosotros, aunque ya pasen los treinta. Debo aclarar que eso es lo que muchas veces le sucede a muchos padres y a la verdad es que se sufre bastante por eso.

...El hijo no cargará con la iniquidad del padre, ni el padre cargará con la iniquidad del hijo...
Ezequiel 18:20

Dejar que se realicen

En todo lo que hace a la formación de nuestros hijos, será de fundamental importancia que dejemos a nuestros hijos que se realicen. Es decir que maduren conforme van sumando años a su vida. Estoy convencido de que una vez que salen de casa a formar su propio hogar o a consolidar su propio proyecto de vida, ya no podemos seguir pensando que están o siguen estando bajo nuestra autoridad, por lo que deben de hacer todo lo que nosotros pensamos y les ordenamos. No, ya no es así. Más que seguir dirigiendo sus vidas como cuando eran pequeños, nuestro rol ahora se limita a estar ahí para ellos en una "segunda posición". Guste o no, como padres pasamos a ocupar un segundo lugar, lo cual por ninguna razón debe ser igual a que seamos amados menos por ellos. Eso no está en juego, no se discute, nos aman como el primer día. Lo que ha sucedido ahora es que les llegó el momento de tomar sus propias responsabilidades, de llevar sus propias cargas, de resolver el destino de sus vidas y eso no es un detalle menor.

Estar ahí, orar por ellos y dar el consejo inmediato y oportuno cuando lo pidan, no son responsabilidades menores, en absoluto. En el nuevo mundo de responsabilidades de nuestros hijos, eso no es un juego ni un entretenimiento que como padres llevamos a cabo para no molestar a nuestros hijos ¡No! Imagina solo por un momento que un hijo no tenga a un padre o a una madre a quien recurrir. Es doloroso y en ciertos casos, desesperante. La vida los va empujando a ser protagonistas, a tener que tomar sus propias decisiones, lo cual no deja de generar cierto temor. No obstante, es necesario que así sea. Nadie es bebé o niño eternamente. Llegará el día que la alegría propia de no tener responsabilidades se acabará y cambiará por una alegría un tanto más extraña, porque ahora tiene más compromisos y obligaciones con un marcado riesgo a cometer errores, lo cual no deja de ser estresante para muchos de ellos. Pero lo cierto es que deben crecer, deben tomar responsabilidades y deben realizarse, encontrarse con ellos mismos, con sus fortalezas, sus gustos y esos sueños por los cuales vivirán el resto de sus días.

Que cada uno lleve sus cargas

El libro de Ezequiel es bien claro al respecto. Los hijos no pagan por los errores de sus padres y tampoco los padres los de sus hijos. Cada uno es un mundo y cada uno en el momento correspondiente tomará sus decisiones y por ellas traerá beneficios disfrutables o consecuencias dolorosas.

Es importante saber que, al no meternos en las vidas de nuestros hijos, les estamos dejando el espacio para decidir por ellos mismos y resolver sus propios conflictos. Si se fueron de casa porque se casaron y formaron sus propios hogares, es posible que suceda algo así como privado, también muy riesgoso. Por ejemplo, si hay maltrato físico o psicológico, es posible que la hija no lo comunique a sus padres ni a nadie. Por eso allí será de suma importancia estar más presentes que nunca y aun decirle a nuestra hija: "Recuerda que, aunque yo ya no esté contigo, ni estés en casa, puedes contar conmigo para cualquier situación, con todo mi corazón te digo que si tu príncipe azul algún día se convierte en un ogro, no dudes en llamarme, porque haré una pausa en lo que esté haciendo solo para irte a ver y aun a rescatar". No es fácil mantener la cordura ni la posición cuando se sabe que los hijos están sufriendo, pero hemos de hacer el esfuerzo por respetar sus lugares, mantener nuestro lugar, pero sin dejar de comunicar que pueden contar con nosotros.

Respetar las decisiones

Esto es de suma importancia. Respetar las decisiones que ellos toman juntamente con su esposo o esposa, es saludable. El respeto por sus decisiones les hace sentir que son capaces de hacerse cargo de sus propias vidas. Aunque no nos agraden las decisiones que toman, recuerda que nosotros al iniciar nuestra vida matrimonial también nos equivocamos y buscamos la forma de salir adelante. Es simple. Lo que vivimos alguna vez nosotros, es lo que deben vivir ellos ahora. Jamás los padres han deseado que sus hijos tropiecen en el mismo lugar que tropezamos nosotros. Simplemente es imposible que padres que realmente lo son, esperen semejante cosa. No obstante esto, existen maneras para aprender lecciones caras de la vida. Una que considero como la más sabia y efectiva, es rodearnos de personas sabias, con experiencia. Gente que ya recorrió un largo camino en la vida, que tienen marcas y cicatrices propias y que por eso pueden ser nuestros guías. Sí, esos que pueden indicarnos qué hacer, por dónde ir, cómo ir, cuándo dar la vuelta o detenerse. Ese es un camino que todos alguna vez deberemos caminar, pero sabiendo que ese andar nos puede llevar a caminos que más que sendas para andar, son trampas donde podemos caer y en muchas ocasiones, volver a levantarse tiene su dolor y su costo. Lo que me entristece sobremanera es comprobar que muchas personas ya nunca más se levantarán.

Experiencias propias

Otra manera de aprender es por medio de nuestras propias experiencias y errores. Muchos le llaman a ese proceso "la escuela de la vida". Es lo que aprendemos todos los días mientras vamos viviendo, mientras vamos cumpliendo con el mundo de nuestras responsabilidades. Allí no hay un plan de estudio ideal como en la escuela. Allí la vida es dura, y las enseñanzas no son menos. Alguien que siempre ha deseado lo mejor para nosotros, nos dijo un día: "No camines por ahí solo, pues hay un precipicio que no conoces y por eso puedes caerte y golpearte". El consejo es más que bueno. ¿Quién lo negaría? No obstante, la gran mayoría, en vez de oír y obedecer el consejo, lo que quieren es ir a comprobar o corroborar que en verdad el precipicio existe. Cuando sucede eso, muchos comprueban que el precipicio realmente existe porque se caen en él. Esos son golpes demasiado duros que ciertamente pudieran haberse evitado simplemente con haber aprendido a oír correctamente.

El precipicio, el peligro existe, nadie discute eso ya. Pero que unos se arriesguen y caigan, y otros tomen distancia y se protejan, no depende de nadie más sino de ¡todos y cada uno! Caerse duele y sobre las piedras es imposible de definir por el dolor que produce. El resumen de todo este pensamiento es simple, sencillo y poderoso: cada uno es responsable de su propia vida, de sus propias decisiones y por lo tanto de sus desiertos duros o cosechas abundantes. Cuando nos dicen "no toques esto o lo otro, todo está muy caliente o caluroso", nuestra empecinada reflexión y decisión busca tocarlo y probarlo, aun cuando fuimos advertidos de un verdadero peligro. Las consecuencias por ello no tardaran en llegar.

La vida es un mundo de responsabilidades por cumplir.

LLAVES PARA VIVIR CON SABIDURÍA

01 No cumplir con una responsabilidad es una irresponsabilidad.

02 Si a duras penas llevas tus propias cargas, cuida de no seguir llevando las cargas de todo el mundo.

03 No le hagas pagar tus errores a tus hijos. Son tus errores.

04 No se puede ser un niño irresponsable toda la vida.

05 Se nace irresponsable, por eso la responsabilidad se enseña y se aprende.

06 En algún momento hay que dejar que los demás actúen con responsabilidad.

07 Una señal de madurez es hacerse responsable de la propia vida.

08 Rodéate de gente responsable, es posible se produzca un maravilloso contagio.

09 Eres un ser libre, pero eso no niega que debes ser responsable.

10 Tu mayor grandeza es responder con responsabilidad a los compromisos y obligaciones que adquiriste.

Normalmente Dios no responde de la forma que queremos, pero siempre de la forma que más necesitamos.

Capítulo 23

La tumba vacía

Viajando por Israel

Llegamos a ese lugar único en el mundo. Es importante destacar que el Mar Muerto es mencionado en la Biblia en Génesis 14:3 y se le reconoce como el Mar Salado, ya que tiene una concentración de minerales de ocho a diez veces más de lo que se encuentra en los océanos. Actualmente explota varios minerales principalmente el potasio, el cloro y el magnesio entre otros. El guía nos comentó algo que nos dejó atónitos. Alrededor del Mar Muerto existen varios lugares que son centros de tratamientos para enfermedades de la piel como la psoriasis. Muchas personas con enfermedades en la piel, en vez de internarse en un hospital, deciden ir al Mar Muerto por quince días y tratarse. Los resultados son increíbles. Así que estando ahí tomamos un baño ¡qué experiencia tan enriquecedora! ¡Qué aguas tan ricas de minerales! Se cree que un 30% de su volumen son minerales. Es por eso que el peso específico de las aguas es tan alto que el cuerpo de cualquier persona que entra al mar, flota sin ningún esfuerzo, desde luego Marcos y yo nos tomamos la foto clásica, flotando en el mar con el periódico en las manos simulando que lo estamos leyendo.

Al terminar de recorrer el Mar Muerto y haber comprado algunas cremas para el cuidado de la piel, regresamos a nuestro hotel a Tiberias. Había que descansar pues al otro día nos esperaba un largo viaje a Jerusalén, la Ciudad de Oro. Al otro día al despertar fuimos a tomar un desayuno y desde luego un rico café. Así que muy expectantes, emprendimos el viaje a Jerusalén. Eran aproximadamente las tres de la tarde, cuando llegamos al Jardín de la Tumba, el lugar donde tuvo lugar el suceso más extraordinario de la historia, la resurrección de Jesucristo. Él fue el único que ha dicho en la historia que moriría pero que al tercer día resucitaría, y ¡así fue! Al llegar al jardín nos dirigieron a un lugar donde entonamos algunos cantos y tomamos la Santa Cena. Al salir de ahí, el guía nos llevó a la Tumba Vacía. Éramos los últimos, solo éramos como catorce los que estábamos ahí. Los dejamos pasar a todos primero, pues queríamos ser los últimos. Al entrar a la tumba, Marcos y yo sentimos algo sobrenatural, inexplicable, sentíamos la presencia de alguien, aunque humanamente hablando solo éramos nosotros dos, nos dimos cuenta de que Dios mismo estaba ahí. Fue tan impactante la experiencia, que comprobamos más que nunca que Él había resucitado y que estaba vivo, pues estaba ahí. Una mezcla de emociones nos invadió. Marcos comenzó a llorar de felicidad. Queríamos hablar pero no podíamos, era el mejor de los momentos de cada uno de nosotros. Espontáneamente, Marcos dijo:

—¡Perdóname, Señor!

¡Wow! Yo sabía que estaba teniendo un encuentro personal con Jesús. Y luego lo escuché decir "¡Gracias!" Vi en su mirada una pregunta, algo así como Tony ¿qué hago? Entonces le dije:

—Repite estas palabras conmigo: "Señor Jesús, perdona todos mis pecados, por favor escribe mi nombre en el Libro de la vida. Te acepto como mi único Señor y Salvador en mi corazón. Deseo terminar con todo tipo de religión y anhelo tener una relación contigo, amado Jesús".

Luego de esa confesión, fue imposible intentar detener a Marcos en su necesidad de llorar, era como una fuente que salía de sus ojos de emoción y de libertad. Luego de mucho tiempo, cuando logró terminar de llorar me confesó:

—Quiero regresar a casa lo más pronto posible. Sandra, mi hijo, los quiero abrazar y decirles que los amo y que ya nunca me separaré de ellos. A mis padres les quiero pedir perdón, mis amigos todos tienen que saber que Jesús es real que no es una historia, que es verdadero que yo tuve un encuentro con Él y deseo que ellos también lo tengan.

Una tumba vacía puede que esté así por dos cosas: que nunca haya sido ocupada o el que la ocupaba ya no esté allí. Pero que no esté allí también puede ser por dos razones: que el cuerpo haya sido sustraído o que milagrosa e inexplicablemente haya resucitado. Sí, que haya vuelto a vivir luego de no haber tenido vida por un cierto tiempo. La tumba desocupada o el cuerpo sustraído tiene, si se quiere, más lógica. Pero que haya vuelto a la vida es sencillamente para muchos inaceptable, ilógico, imposible. Pero lo cierto es que esta opción es la que se cree como fundamento y columna vertebral de la fe cristiana. La historia del cristianismo se edifica desde este evento único e irrepetible en toda la historia humana. Ciertamente fue un milagro, pero también algo natural y absolutamente posible para quien no solo es Dios, sino que de la misma forma es reconocido por miles de millones en toda la historia y en todo el mundo.

La muerte y el sepulcro son las dos únicas realidades que ningún ser humano puede presumir de vencerlas. Todos tememos a la muerte. Nadie quiere morirse. A todos nos incomoda el sepulcro. El solo pensarlo nos inquieta y cuando por alguna razón toca una vida cercana a la nuestra, el desconsuelo y el dolor se hace un mundo pesado casi imposible de cargar. Es dolor que sobreviene por lo que es irreparable.

Y cuando entraron en el sepulcro, vieron a un joven sentado al lado derecho, cubierto de una larga ropa blanca; y se espantaron. Mas él les dijo: No os asustéis; buscáis a Jesús nazareno, el que fue crucificado; ha resucitado, no está aquí; mirad el lugar en donde le pusieron. Pero id, decid a sus discípulos, y a Pedro, que él va delante de vosotros a Galilea; allí le veréis, como os dijo.

Marcos 16:5-7

No miraron, sino que entraron

La escena es maravillosa, de una emoción sin límites. Todo lo que se venía diciendo en los días anteriores ahora será verdad o no lo será. La gran mayoría de los habitantes de aquellos lugares ya sabían de Jesucristo. Todos podían contar que lo vieron, que lo escucharon y hasta muchos de ellos podrían dar testimonio de haber recibido algún beneficio de su parte. Sus sermones impactaron a miles, pero algo que el mismo había dicho no solo era desafiante, sino que hasta ponía en duda para muchos de los religiosos que en verdad estuviera sano de sus facultades mentales. Sí, en reiteradas ocasiones Él afirmó que no solo moriría, sino que resucitaría. Incluso hasta dio precisiones: al tercer día. Solo setenta y dos horas para comprobar la locura o la verdad.

Nadie podía, por esas horas, permanecer indiferente. La inmensa mayoría estaba desvelada esperando el tercer día, el día en que los religiosos necesitaban comprobar que el cuerpo sin vida de Jesucristo siguiera allí, porque de no ser así toda su tradición, su negocio y su legalismo se vendrían abajo y dejarían de ser creíbles. Por otro lado, estaban sus seguidores. En su mayoría tristes, sin poder procesar el impacto de la muerte de su Maestro. Unos con cierto miedo al Imperio romano y los religiosos, pensando qué sería de ellos ahora que Jesucristo ya no estaba. Pero otros, muy pocos, simplemente no durmieron todas esas eternas horas. Entre ellos, tres mujeres increíbles que son mencionadas en ***Marcos16:1-*** "Cuando pasó el día de reposo, María Magdalena, María la madre de Jacobo, y Salomé, compraron especias aromáticas para ir a ungirle".

La tristeza las había envuelto por completo y aunque no podían olvidar las palabras de Jesucristo al asegurar que resucitaría al tercer día, ellas vinieron igualmente a cumplir con el doloroso y sagrado ritual de perfumar el cuerpo del Señor que tanto amaban. Pero la sorpresa fue mayor. Al llegar a la tumba, descubrieron que la inmensa y pesada piedra que oficiaba de puerta había sido removida, aunque tímidamente el corazón de ellas comenzó a acelerarse, al sospechar que finalmente Jesucristo hubiera cumplido su promesa. Para cerciorarse de eso, no pudieron quedarse afuera. Sí, lo que me emociona es leer que no se quedaron afuera, sino que valiente y hasta apresuradamente entraron hasta lo profundo de la tumba. ¿A qué entraron? A comprobar que Cristo hubiera resucitado, aunque vinieron para perfumar el cuerpo, ahora acaban de cambiar su objetivo. Están ingresando para ver con sus propios ojos que el cuerpo del Señor ya no estuviera allí.

Así es en la vida. No puedes tomar posición sobre algo si lo miras desde lejos. Si lo haces solo opinaras sin conocer y sacaras conclusiones según tu prejuicio. De la misma forma en materia de fe y de saber quién es realmente Jesucristo. Si te quedas mirándolo de lejos, tu percepción de su persona será insuficiente, por eso entre otras cosas, lo que menos tendrás es el beneficio de ser influido, afectado y transformado por Él. Las tres mujeres entraron hasta el fondo y vieron que la tumba estaba vacía. Ellas son las únicas privilegiadas de respirar el aire de la vida, en una tumba donde solo debía respirarse muerte.

No tengas miedo, Él va adelante

El cuadro se completa con un cambio de personajes. No está Jesucristo, en su lugar está sentado, un ángel. ¿Qué hace allí? Simple, informar. Dar la buena noticia. Es muy especial la forma en que les habla a las tres mujeres.

- Primero, ***las calma***. Están asustadas, espantadas. ¿Quién no lo estaría? En una tumba no está el cuerpo de quien murió y en su lugar aparece un ángel vestido de ropas blancas.

- Segundo, ***las invita.*** Si, las invita a mirar, tocar y comprobar. Él sabe que las mujeres como cualquier ser humano, en ciertos momentos necesitamos comprobar. Dios no evita eso, por el contrario, nos invita a hacerlo.

- Tercero, ***las envía.*** No se queden aquí, no hagan un lugar de veneración o adoración de este lugar. No, vayan a avisarle a los discípulos, vayan a dar la buena noticia. Es demasiado grande lo que ha sucedido como para que se lo queden ustedes ¡Vayan! ¿Por qué? Porque Cristo ya no está aquí. Él va delante de todos ustedes.

No puede seguir igual alguien que no solo tuvo el privilegio de ver su tumba vacía, de hecho, es la única en el mundo y en la historia por la sencilla razón de que Él volvió a la vida, sino también la bendición de haber sido transformado. La enseñanza es simple y es poderosa. Si Cristo venció la muerte, venció al peor y más poderoso enemigo que no podemos vencer los seres humanos. Y si venció al más poderoso, quiere decir que todos los enemigos de ahí hacia abajo también son vencidos. Entra al corazón de Jesucristo, comprueba que vive y ningún problema que enfrentes en la vida, incluida la muerte, tendrá poder para derrotarte. Eso es mucho más que una religión, esa es una relación que transforma la vida.

Quien mira de lejos, no sabe ni disfruta, solo juzga, duda y critica.

LLAVES PARA VIVIR CON SABIDURÍA

01 Jesucristo es mucho más que un crucifijo que cuelga en un cuello.

02 Nadie descubrirá jamás desde afuera, aquello que solo se descubre entrando a lo profundo.

03 Lo que no es lógico y no se entiende, no siempre es una locura, a veces se le llama milagro.

04 En medio de tu mayor tristeza, puedes encontrarte con tu mayor alegría.

05 Tus descubrimientos más importantes en la vida siempre serán proporcionales a cuanto estas dispuesto a ser un buscador incansable.

06 Lo más fácil y cobarde es juzgar y despreciar sin querer conocer.

07 Los que escriben historias de transformación y logros, son aquellos que tuvieron la humildad de tener miedo, pero igualmente se lanzaron a buscar lo que otros despreciaron.

08 El problema no es que tengas miedo, sino que por eso te alejes de tu milagro.

09 Si Cristo te cambio la vida, no te lo guardes, ve pronto a decirle a alguien lo que hizo contigo.

10 De eso se trata la fe en Jesucristo, de tener la certeza de que el siempre en la vida va adelante mostrando el camino. Eso es paz, eso es esperanza.

Capítulo 24

Otra oportunidad

Viajando por Israel

Ahora todo lo turístico y la emoción de conocer una nueva e histórica geografía, estaba pasando a segundo plano. Todo fue impactante, pero haber visto y pisado la tumba donde estuvo Jesucristo resultó sin dudas lo mejor. Para Marcos, fue igual a transformar su vida. Y el me lo contaba así:

—Es verdad, Tony. Creo que me he equivocado, ahora reconozco que yo personalmente necesito a Jesús, el hombre que cambió la historia. No solo yo, todos, la humanidad necesita de Jesús. Él ha cambiado la vida de todos aquellos que se han dado la oportunidad de aceptarlo. Sí, la oportunidad de no tener una religión sino tener una relación personal con él, al darme cuenta que está vivo sé que me puede escuchar. Cuando estuve dentro la tumba vacía, pude sentir su presencia, algo poderoso toco mi ser. Pude ver cómo esto es más que una religión. Creer en Jesús es saber que está vivo, y que desea tener una relación personal contigo. Mientras estuve dentro de la tumba me di cuenta de que lo mejor que le puede suceder a un hombre es conocer al Cristo resucitado. Me pasaron tantos recuerdos sobre mi vida. Si en mi familia lo hubiéramos conocido antes, entonces quizá mis padres no se hubieran divorciado, no hubiese tenido ese encuentro duro con mi padre, donde casi nos golpeamos. No hubiese ofendido a mamá como lo he hecho. No hubiese abandonado cobardemente a Sandra quien me entregó lo mejor de ella, su adolescencia, su juventud. Ella abandonó su carrera por mí, ella decidió volar conmigo sabiendo que yo no sé volar. ¡Oh!, ¿qué he hecho de mi vida?

Mientras miraba a Marcos llorar, me di cuenta de que verdaderamente tuvo un encuentro con el Creador del universo, y que ahora sí su vida sería diferente.

—¿Qué hago? ¬—me preguntaba con sus ojos rojos, llenos de lágrimas, si unas lágrimas pesadas. En ese momento Marcos se estaba uniendo a los billones de hombres y mujeres que hemos tenido un encuentro con nuestro Salvador. Dios le estaba dando otra oportunidad.

¿Qué sería del mundo si no existiera eso de "otra oportunidad"? No siempre ponemos la atención en la bendición que significa que alguien nos de otra oportunidad o que nosotros le demos a alguien una nueva oportunidad. En todas las áreas de la vida del ser humano la nueva oportunidad es una necesidad, si se quiere un clamor o grito silencioso. Darse cuenta de que se ha fallado, reconocer que algo no se hizo bien, activa inmediatamente en el interior del que cometió el error la necesidad de que se le conceda una nueva oportunidad. El solo pensar la inmensa cantidad de veces que muchos la niegan a otros nos hace entender, por lo menos en parte, porque tantos matrimonios se acabaron, tantas familias se distanciaron y tantos proyectos personales quedaron abandonados. No hubo una nueva oportunidad. Cuanto necesita una persona se le regale una nueva oportunidad para redimirse, restaurar, reconstruir o simplemente intentar de nuevo luego de su fracaso

Ella dijo: Ninguno. Señor. Entonces Jesús le dijo: ni yo te condeno; vete, y no peques más.
Juan 8:11

Una muchacha arrepentida

Hace tiempo, una muchacha que había cometido unos cuantos errores debió ir a prisión por varios años. Mientras estuvo allí y en circunstancias muy especiales, tuvo un encuentro con Dios que transformó su vida. Una de las consecuencias de ese cambio poderoso fue que al poco tiempo recuperó su libertad. Pero en el camino a casa pensó que antes sería mejor hacer una llamada muy importante. Sí, llamó a sus padres y les dijo: "Papá, mamá, me he portado muy mal, hice cosas crueles contra ustedes y los he avergonzado, no me siento digna de ser su hija. Sin embargo, quiero que sepan que he cambiado ¡y he quedado libre! Y continuó diciendo: "Quiero regresar a casa, pero si ustedes no me lo permiten yo entenderé, ya que es mucho el daño que les hice". La emoción se podía palpar del otro lado del teléfono, así que ella les hizo un pedido final: "Si me perdonan y me permiten regresar, les pido coloquen un moño verde en la puerta de la casa y así sabré que ustedes me han perdonado, y yo le diré al taxista que se detenga y me bajaré, pero si llego a casa y el moño verde no está, yo seguiré de largo". Así que la muchacha, luego de colgar el teléfono, tomó el taxi, y fue a su casa. Al llegar noto que no había un moño verde, sino que sus padres habían puesto cientos de moños verdes en toda la casa diciéndole a su hija ¡claro que te perdonamos, eres bienvenida, te damos otra oportunidad! ¡Cuánta esperanza que produce el tener otra oportunidad!

No te condeno

Ahora no es Salomón quien nos da un consejo, sino Jesucristo. Aunque más que un consejo, es un ejemplo modelo de cómo proceder frente a los que han fallado. La gran mayoría de las personas conoce este incidente en el que los señores de la religión oficial de aquellos días trajeron a los empujones y a los golpes a una mujer "pecadora" y la tiraron delante de Jesucristo para que no solo diera su opinión, sino para que de alguna manera participe en la ejecución de la pena que se le imponía a quienes pecaron como ella, que era ¡apedrearla! Ciertamente en la mente de esta gente, no había espacio para segundas oportunidades ni posibilidades de recuperación de ninguna clase. Cometió una falta, debe pagar. La solución era eliminarla sin misericordia. Al final de ese momento uno a uno fue desapareciendo de la escena, no había uno sin pecado que pudiera arrojar la primera piedra. Cuando quedaron solos, Jesús le preguntó: ¿y donde están todos?, ¿no quedó ninguno? Ninguno quedó, Señor, respondió temblorosa la mujer. "Yo tampoco", dijo Él. "Vete y no peques más". Una mujer no solo fue salvada de ser masacrada, sino que se fue a su casa con una nueva oportunidad.

El Dios de las mil oportunidades

Quiero alentarte con esta verdad. El Dios al cual servimos, es el Dios de las segundas, terceras, cuartas, quintas, sextas, séptimas y miles de oportunidades. Si siete veces te caes, siete veces te levanta. ¿Alguna vez dudaste y abandonaste tu sueño? ¿En alguna ocasión estuviste a punto de emprender algo y no lo hiciste porque dudaste o tuviste miedo? No tengo otra razón por la cual escribir estas líneas, sino la de motivarte, de animarte a que creas que tienes una nueva oportunidad. Es que de eso se trata. De que creas que no todo está acabado, que no todo es tan grave, ni tan imposible. Para nuevas oportunidades, toma nuevas decisiones. Sí, esas que eviten que sigas atado a lo que no fue, esas que te pueden hacer volar de nuevo. Si Dios da nuevas oportunidades. De hecho, cuando Jesucristo colgaba de una cruz junto a dos criminales, hubo uno que crucificado y todo, tuvo su nueva oportunidad y alcanzó misericordia "De cierto, hoy estarás conmigo en el paraíso" le dijo Jesús al ladrón. Luego que el hijo pródigo se fue de su casa, llegó el día del arrepentimiento y el anhelo de tener otra oportunidad. Por eso se dijo a sí mismo: "Me levantaré e iré a la casa de mi padre y le diré que me equivoqué, que he pecado contra el cielo y contra él, y le pediré otra oportunidad". ¿Qué pasó? ¡Cuando llegó de nuevo a casa, su padre, no sólo le dio otra oportunidad, sino que le puso calzado nuevo, ropa nueva y un anillo que significaba un nuevo pacto, un acuerdo sagrado de amor eterno!

El famoso apóstol Pedro le falló a Jesucristo, negándolo tres veces. Como si eso ya no fuera grave, en momentos que Jesucristo iba camino a la cruz del calvario, Pedro, lo abandonó. Sí ¡lo dejó solo en el momento que más lo necesitaba! La gran mayoría pensaría que la reacción más natural a semejante traición debiera ser una actitud igual, algo así como ojo por ojo, o por lo menos, negarle cualquier posibilidad de tener una nueva oportunidad. ¿Por qué? ¡Porque lo que hizo fue gravísimo! No obstante, eso, Jesucristo en ningún momento pensó en cómo vengarse ni en cómo hacerle pagar por su traición. Todos sabemos que lo habitual entre los seres humanos es actuar así. Pero lo que Él estaba pensando era otra cosa: ¿Cómo lo restauro después de lo que hizo? ¿Cómo lo levanto para que no abandone la fe? La respuesta vino unos días después cuando al encontrarse con Pedro de nuevo le preguntó: "Pedro ¿me amas?", mientras le compartía una comida hecha allí al lado del mar para él. Dios es bueno, es hermoso, es maravilloso y ¡quiere darte otra oportunidad!

Nuevas oportunidades. Como la que tuvo un rey llamado Ezequías que, a punto de morir, recibió la visita de un profeta que le dijo de parte de Dios: "Prepara tu casa porque esta noche morirás". ¿Te imaginas un mensaje así? Sin embargo, en vez de rendirse, se fue a la pared y en medio de llantos indecibles, le rogó a Dios le diera una nueva oportunidad de vida. ¡Dios, acuérdate que yo he caminado rectamente delante de tus ojos! ¿Y qué sucedió? ¡Dios escuchó su oración y le agrego quince años más de vida! De eso se trata, de nuevas oportunidades para las cuales Dios es un verdadero especialista.

Así, lo mejor que podemos pensar del día de hoy es que bien puede ser un día para una nueva oportunidad. Te aseguro que la tendrás y la historia no será la misma. Aunque tu presente sea duro, no será así tu final. Te aseguro y te doy mi palabra de que Dios te dará otra oportunidad y gracias a eso ¡un día hablaré de tu historia! Porque la próxima historia es la tuya.

No tengas miedo de empezar de nuevo, porque esta vez no partirás de cero, sino desde la experiencia que obtuviste.

LLAVES PARA VIVIR CON SABIDURÍA

01 En Dios siempre hay una nueva oportunidad.

02 La lista de todas las razones por las cuales no tendrías nuevas oportunidades para cambiar queda sin efecto en las manos y en el amor de Dios.

03 Sería maravilloso que la vida no te encuentre negando a alguien una nueva oportunidad.

04 Lo habitual entre los seres humanos es la venganza y el negar nuevas oportunidades. Aunque eso pudiera ser así, tú puedes ser la excepción.

05 Si alguien te dio una nueva oportunidad, ¿por qué no hacer lo mismo con los demás?

06 Nunca es tarde para comenzar de nuevo.

07 No te cierres a nuevas oportunidades, tampoco se las cierres a los demás.

08 El éxito de muchos llegó cuando no se negaron a utilizar nuevas oportunidades. Tu éxito está más cerca de lo que imaginas.

09 Hay nuevas oportunidades y para aprovecharlas solo tienes que tomar decisiones diferentes.

10 Tu historia será de inspiración ¿Por qué? Porque es una historia de nuevas oportunidades.

Capítulo 25

La gratitud

Viajando por Israel

Mientras Marcos lloraba y se cuestionaba por qué no tuvo un encuentro con Jesucristo antes, le dije que Dios no se equivoca ni en lo más mínimo, que ahora era su tiempo y que él podría cambiar el rumbo de sus generaciones. De pronto como impulsado, como por una fuerza, me abrazó fuertemente agradeciéndome todo lo que yo había hecho por él.

—No, Marcos —le respondí—. Agradécele a Dios que te puso en mi camino. Precisamente, lo que debes hacer ahora es llamar a tus padres y a Sandra. Agradéceles por todo lo que han hecho por ti y jamás olvides que la gratitud es la madre de todas las virtudes.

Dar las gracias no solo es bien visto por todo el mundo. Es como un código que nos conecta a todos por todas partes. No es bien visto recibir un regalo o un gesto y no dar las gracias por eso. Se debe dar las gracias y los que no lo hacen simplemente no son bien vistos. La gratitud no solo enaltece al que la practica, sino que le abre puertas por todas partes. Aun cuando esto para mí es una verdad y un estilo de vida que jamás dejaré de poner en práctica, tristemente debo reconocer que hay demasiada ingratitud haciendo estragos en todo el mundo. A la persona desagradecida le cuesta entender o quizá no quiere entender, que no dar las gracias le cierra puertas y ventanas para una próxima bendición. Y eso es una perdida que no debe ser ignorada.

Dad gracias en todo, porque esta es la voluntad de Dios para con vosotros en Cristo Jesús.
1 Tesalonicenses 5:18

Dad gracias en todo

Así como Salomón nos regala su sabiduría, también hubo otros hombres extraordinarios que han hecho un inmenso aporte a nuestras vidas. Es el caso del famoso apóstol Pablo. Dentro de todo su pensamiento que ya es maravilloso, nos da un consejo a todas luces revolucionario y tiene que ver con la gratitud. Para él no existe una situación que justifique dar las gracias y otras en que no. Su consejo es claro. En todo debemos dar las gracias. Noten a diferencia, no se trata de dar gracias por todo, sino en todo. Es que nadie daría las gracias por no tener trabajo, haber perdido su casa o su auto o haber perdido a un ser querido. Su consejo tiene que ver con los procesos, es decir en todo el proceso que nos toque vivir y por duro que sea, la gratitud se enfoca y se justifica en esas cosas que, aunque pequeñas o imperceptibles están, suceden y de la misma manera en el futuro, en lo bueno que habrá de venir. Dar las gracias enfoca en las cosas buenas de un proceso de vida y en las cosas buenas que vendrán después de él. ¡Maravillosa, revolucionaria y saludable manera de ver las cosas de la vida!

Tenemos que aprender gratitud hasta hacerlo un estilo de vida. Levantarnos cada mañana con un "gracias, mi Dios, por un nuevo día de vida" predispone a disfrutar. Darle gracias por respirar, por sentir, por ver, por gustar, por oír no es una obligación, es un milagro por el que debemos agradecer. Son miles en el mundo los que lamentablemente hoy no se despertaron, no se levantaron y acabaron sus vidas o la empeoraron por alguna enfermedad o circunstancias de dolor o de injusticia. Es tanto lo que tenemos que nos acostumbramos a que lo tenemos, olvidándonos que otros en el mundo en otras circunstancias no pueden disfrutar lo mismo. Niégate a acostumbrarte a lo que tienes y a creer que lo tienes porque Dios o la vida están obligados a dártelo. Por supuesto, lo tienes porque trabajaste, pero trabajaste porque tienes vida, tienes salud y eso no viene de ti, eso viene de Dios. Por eso ¡vamos!, ¡llena tu boca de gratitud!

Marca la diferencia

Las personas agradecidas marcan la diferencia. Indiscutiblemente es así. Si no lo crees, prueba en la próxima semana no darle las gracias a nadie, hazle sentir a los que te regalan sus servicios y sus gestos de respeto, atención y amor, que no les debes nada. Si alguien paga tu deuda, te alcanza un plato, te presta un dinero, habla bien de ti en una compañía, te da un consejo que te salva la vida o te comunica con su médico personal, no le des las gracias y prepárate para que tanto ellos como sus amigos redefinan quien eres. Prepárate para que digan "de humilde nada, de soberbio todo", "no, no lo llamen, no lo contraten, no pierdan tiempo, es un desagradecido". La gratitud abre puertas, la ingratitud simplemente las cierra.

Las mejores cosas están preparadas para las personas agradecidas. Los mejores empleados están preparados para los jefes agradecidos y de la misma manera los jefes buscan ese tipo de empleados. La gratitud es la madre de todas las virtudes y la ingratitud, la madre de todas las maldades. Sí, la Biblia se encarga de dejar algo en claro cuando en el apóstol Pablo le dijo al joven Timoteo: "raíz de todos los males es el amor al dinero". ¿Por qué lo dice? Porque tanto aman algunos el hacer dinero, que se olvidan de dar las gracias a aquellos que los ayudaron a hacerlo. Es muy importante que tú y yo seamos agradecidos aun en lo poco que Dios nos ha dado, para que él nos dé mucho más.

Voluntad de Dios

Aunque parece algo obvio que nadie pondría en duda, Dios quiere que seamos agradecidos. No solo con él, sino con todo el mundo. Es bueno que se nos recuerde esto, ya que muchas veces la espiritualidad de muchos es tan alta que no hacen lo mínimo: ser agradecidos. ¿Quieres saber que tan espiritual es alguien? ¡Mira qué tan agradecido es en todo! En el diseño de la vida que Dios regaló a los seres humanos, estaba incluido agradecer. ¿Por qué? Porque eso les mejora la vida, la hace más saludable y la bendice con relaciones y amigos que no paran de aumentar. No olvides, lo repito de nuevo: agradecer abre puertas; no agradecer, las cierra.

Como no somos seres absolutos sino de relaciones, el dar las gracias como estilo de vida consolida y fortalece las relaciones. Lo maravilloso de esto es que Dios promueve que seamos agradecidos. Más aún, si decimos que tenemos en nuestro corazón a Cristo Jesús, una de las formas más efectiva de que todos se den cuenta de eso es a través de un estilo de vida donde la gratitud fluye con generosidad, sin inconvenientes, con facilidad. Seamos agradecidos, comencemos con Dios, sigamos con nuestros padres, hermanos, abuelos, tíos, familia y con todas aquellas personas que han sido de bendición a nuestras vidas, de una u otra manera. Gente que nos ha guiado espiritualmente y nos han ayudado a ser mejores, agregando valor a nuestra vida.

El hombre de los pies dañados

Se cuenta que, en una ocasión, un hombre estaba muy feliz ahí en su casa, al lado del imponente océano, relajado y disfrutando plenamente esa bendición. En un momento vio desde la playa que un barco acaba de colapsar delante de sus ojos y comenzó a hundirse. Él, sin pensarlo se lanzó a rescatar a todos los que pudiera, aunque el agua estaba muy fría, él se esforzó más aun logrando rescatar a tan solo trescientas personas. Como resultado de semejante sacrificio, sus pies quedaron severamente dañados. Luego de un tiempo los medios de comunicación informaron que él había quedado de por vida en una silla de ruedas. Luego de pasados cinco años, vinieron a verlo y entre otras cosas le dijeron: "hoy se cumplen cinco años de aquel suceso extraordinario en el cual usted se vistió de héroe rescatando trescientas personas, ¿habrá algo que usted quiera decir?" Él, tristemente, bajando su rostro respondió diciendo: "Celebro que todos estén con vida, pero en estos cinco años, ninguno de los trescientos que yo ayudé ha venido a darme las gracias".

En otra ocasión un hombre manejaba un auto costosísimo, pero cuando vio un avión privado se dijo a sí mismo "yo quiero ese avión privado". Sin embargo, al lado de este hombre había otro hombre que manejaba un auto muy sencillo y barato y le dijo "yo quisiera tener ese Ferrari que usted tiene". Sin darse cuenta de que al lado del hombre del auto común, había otro con una motocicleta, el cual dijo "yo quiero tener su auto, aunque sea común". Al lado de la motocicleta había un hombre en bicicleta que confesó querer tener esa motocicleta y, junto a ellos iba un hombre caminando que soñaba con esa bicicleta. Finalmente allí cerca había un hombre en silla de ruedas, que simplemente decía, "yo solo quiero caminar".

Agradecer. Seamos agradecidos, seremos bendecidos. Quizá debas hacer una llamada telefónica ahora mismo para dar las gracias a alguien. Hazlo, no lo dilates más.

La gratitud es la madre de todas las virtudes.

LLAVES PARA VIVIR CON SABIDURÍA

01 Hay muchos ingratos caminando por el mundo, procura no ser uno de ellos.

02 El problema no es entender la gratitud, sino ponerla en práctica.

03 Dile ¡muchas gracias! a todo el mundo, en algún momento el dicho se hará estilo de vida.

04 Que nunca todo lo que tienes sea tan increíble que te olvides de dar las gracias.

05 Estás vivo, ya tiene una razón de peso para llenar tu boca de gratitud.

06 Una forma de medir el nivel de espiritualidad es ver la facilidad que se tiene para dar las gracias.

07 ¡Muéstrame a alguien desagradecido y te mostraré a alguien que ya no tiene amigos!

08 Agradece lo poco, seguirás agradeciendo cuando tengas mucho.

09 Agradece lo que tienes y ya deja de estar preocupado por lo que el otro tiene.

10 Comienza a ser agradecido y comienza siéndolo con Dios.

Capítulo 26

Sabiduría como el águila

Viajando por Israel

—Tony ¿me puede explicar, por favor, qué me sucedió en la tumba?

Estaba a punto de contestarle cuando inmediatamente me dijo:

—Me siento como nuevo, como si hubiera vuelto a nacer.

—¡Así es Marcos! ¡Lo acabas de describir! ¡Tú mismo te contestaste la pregunta! ¡Ahora eres una nueva criatura!

Les aseguro que ahora veía en Marcos al niño que todos tenemos dentro. Él saltaba y movía con intensidad sus manos mientras daba vueltas gritando a la misma vez "¡soy libre, soy libre! ¡me siento como un águila renovada!"

—¿Águila renovada? ¿A qué te refieres, Marcos?

--Sí Tony —me respondió—, en la universidad me pidieron un proyecto sobre un ave y estudié detalladamente la vida de las águilas...

David era el padre del rey Salomón. Hombre famoso por sus historias increíbles. Siendo un muchacho y sin tener ninguna preparación en el arte de la guerra y los desafíos entre ejércitos enemigos, se enfrentó al famoso Goliat y lo venció tan solo con una honda. Son memorables sus batallas, sus estrategias para alzarse con la victoria, el amor que todo el pueblo tenía por él. Reconocido por su sinceridad y por no dudar en aceptar sus fallas o sus debilidades, las que tenía como cualquier ser humano. Autor de innumerables poemas y cantos que siguen siendo una inspiración para nosotros. Entre esos poemas, figura uno muy especial en el que invita apasionadamente a hablar bien de Dios. Con una precisión realmente sorprendente, describe uno por uno todos los beneficios que Dios hace en su favor. Inicia su canto dándole una orden a su propia alma. ¡Magistral! Se da a sí mismo las razones por las cuales no debe dudar ni un minuto en ser agradecido a Dios. Dios lo perdona, lo sana, lo rescata de sus depresiones, lo llena de favores inmerecidos, le llena la boca de gratitud, es decir, que él mismo al ver todo lo bueno que Dios hace en su favor, su boca se llena de risa alegría, gratitud y expresiones buenas. Para David nada malo puede venir de Dios, sino todo lo contrario. La lista de beneficios cierra con uno que sorprende y mucho: "de modo que te rejuvenezcas como el águila" ¡Cuanta creatividad para describir la obra de Dios! Dios rejuvenece su vida como lo hacen las águilas.

El que sacia de bien tu boca, de modo
que te rejuvenezcas como el águila.
Salmos 103:5

Las águilas

¿Por qué las águilas? ¡No podía haber elegido un mejor ejemplo! Son consideradas como símbolos y emblemas de poder, de valor, de nobleza y de excelencia. Reyes y ejércitos la utilizan como emblema. Su majestuosidad al volar inspira y asombra. Su plumaje es privilegiado. Con ciertas plumas aumenta su velocidad, con otras planea sin problemas y con otras se protege de los intensos calores. Sus grandes ojos ocupan una tercera parte de su área craneal. Pueden ver más allá de lo que otras aves pueden hacerlo y elegir a su víctima allá abajo, sin que esta se dé cuenta que caerá sobre ella como un relámpago. Su pico corto y encorvado es una verdadera cuchilla con la cual se alimenta sin problemas. El poder de sus garras es único, por lo general presa atrapada es presa devorada.

En la misma línea de cualidades increíbles de las águilas, se destaca que solamente tienen una relación monógama. Establecen de por vida una relación con una sola águila y su aguilucho. ¡Cuánto podemos aprender los humanos de ellas! Tienen una longevidad maravillosa pues pueden vivir hasta setenta años. Esta es una cantidad de años muy significativa, ya que el mismo David, padre de Salomón dijo un día que el ser humano vive hasta los setenta años y que los más robustos o fuertes, pueden alcanzar los ochenta. ¡El águila vive casi la misma edad que los seres humanos vivimos!

Necesidad de reposar

Son aves increíbles. Vuelan entre cuatro y seis horas, pero reposan entre ocho y doce horas por día. ¡Sí, tienen un sentido de la relación trabajo y descanso admirable! A diferencia de nosotros que trabajamos, trabajamos y no descansamos. Ellas necesitan reposar, y se toman su tiempo para hacerlo. Eso es poderoso, se toman tiempo para descansar. ¿Cuándo fue la última vez que tomaste tiempo solo para descansar? ¿No es verdad acaso que aun en vacaciones nos llevamos trabajo para hacer mientras supuestamente descansamos? Siempre estamos apurados. Siempre con algo pendiente. Siempre con algo que no podemos dejar para mañana. Siempre defendiendo esa idea dañina de que "hacer nada" es pérdida de tiempo, de dinero y de oportunidades para progresar. El águila entendió algo muy básico. A mayor efectividad deseada, mayor descanso planificado. Lo contrario a esto es cansancio, soledad, mal humor y aburrimiento.

Las águilas por la noche llegan a su nido a reposar. No les gusta estar afuera, pues su visión es efectiva de día. De la misma forma nosotros los seres humanos no debiéramos olvidar que la noche es para descansar, para reposar, y el día es para hacer nuestras actividades. Es que también debemos reposar. Eso nos permite ganar en tranquilidad para la toma de decisiones. Hace un tiempo estuve presente en una de las conferencias del expresidente George Bush. La pregunta que le hicieron fue interesante: "¿Cómo tomó la decisión de responder a lo sucedido el famoso 9/11 en el 2001?" Su respuesta fue: "Esa noche pedí que me llevaran a un lugar donde yo pudiera descansar y dormir bien". El entrevistador, sorprendido, respondió: "¿Cómo podía usted dormir en una situación tan difícil desatada en el país?" La respuesta no se hizo esperar: "Nosotros, las personas que tomamos decisiones fuertes, riesgosas y determinantes, debemos tomarlas una vez que hayamos descansado bien. Por eso Dios hizo el día, para en el día hacer actividades, y la noche, para reposar y así pensar y decidir mejor". Analiza el ritmo de tu vida y no temas introducir cambios que te permitan descansar más y mejor.

Rejuvenecer como las águilas

Aunque ellas pueden vivir setenta años, cuando tienen cuarenta deben tomar una decisión difícil, dolorosa y única pero les salvará la vida y se las alargara de modo considerable. No hay opción, no hay atajos, no hay excepciones. Si quiere vivir otros treinta años deberá rejuvenecer. Ese es un proceso sumamente doloroso. Ella quisiera evitarlo, pero sabe que es imposible. Cuando está tomada la decisión, se lanzará por unos días a la búsqueda de una roca cortante, filosa, allá bien alto en la cumbre. Desaparecerá de la escena por ciento cincuenta largos días. En orden asombroso deberá quitarse de encima todo lo que la hace más vieja, más pesada y menos efectiva.

Primero comienza con su pico. Lo apoya con fuerza contra la roca y una y otra vez lo raspa y golpea sobre ella. Al instante la sangre aparece, nubla sus ojos y el dolor acompaña de tal manera que abandonar lo que está haciendo es una tentación importante. Pero no se rinde. Sigue haciendo su trabajo hasta logar romper su pico viejo, encorvado sobremanera que ya no la deja comer su sustento. Allí una vez desprendido el viejo pico, aparece el nuevo renovado y listo para hacer su trabajo. Ahora llega el turno de sus garras. Se aferra con todas sus fuerzas a la roca. Con una se apoya y volcando todo su cuerpo sobre la garra elegida, la raspa como el pico sobre la roca. Solo busca una cosa y es que el cuero viejo, gordo se desprenda y le permita encontrarse con su nueva garra. Repite el procedimiento con la segunda. Le duele, sangra, pero el resultado hace que valga la pena su dolor. El proceso cierra con sus alas. Esas que le dan una majestuosidad y velocidad únicas. Golpea con fuerza y por turno cada una de ellas contra la roca, se ayuda como puede con sus nuevas garras. No se detiene, sino hasta estar segura de que todas las viejas plumas que multiplicaban su peso se hayan desprendido de sus alas. Al final de esos duros días, el resultado es un águila que ha recuperado su esencia, su identidad y su eficacia. Cinco meses de doloroso proceso valieron la pena. De nuevo a las alturas, al punto de poder volver a volar sobre las tormentas. Ellas determinan la grandeza de las alturas y nos enseñan a viajar de la misma manera por la vida.

Nadie ama el dolor, todos buscamos escapar de él, todos hacemos lo que esté a nuestro alcance para evitarlo, para no tenerlo, para no sufrirlo. Pero hay uno que existe y del cual no debemos escapar. Querida águila que me lees, créeme que el rejuvenecimiento de tus sueños, tus estrategias, tus habilidades te costará y dolerá. Espero que no sean cinco meses, pero no es verdad que no te costará nada. Cambiar duele. Cambiar es dejar atrás cosas que amamos, pero que no siempre nos hacen efectivos. ¡Vamos a comenzar con nuestra renovación! El Dios al cual servimos nos invita a hacerlo, Él quiere hacerlo. Será doloroso, pero como águila que eres, alzarás de nuevo tus alas para volar más allá de lo que imaginas.

No eres un simple pájaro, eres un águila.
Estás destinado a las alturas.

LLAVES PARA VIVIR CON SABIDURÍA

01 Que jamás te sea más fácil reconocer las fallas de otros que las tuyas propias.

02 Con Dios no te cansas en tus procesos, siempre tienes fuerzas renovadas para superarlos.

03 El problema contigo es que trabajas, trabajas y no descansas.

04 No debemos ser máquinas de hacer, de trabajar, de producir y en el proceso olvidarnos de la bendición de reposar.

05 Mientras más efectivo quiero ser, más debo respetar mis tiempos de reposo.

06 Aunque te cueste y te duela, quítate de encima lo que hace más lento, más pesado, y menos efectivo.

07 Los cambios duelen, pero si entiendes que son necesarios, los resultados serán asombrosos.

08 No vivas encerrado en la jaula de tus limitaciones, cuando tu destino son las alturas.

09 Es simple, si eres águila, no vivas picoteando tierra como las gallinas.

10 Dios te rejuvenece para hacerte más efectivo, para lograr objetivos mayores.

Finalmente...

Diré algo que he mencionado en reiteradas ocasiones a lo largo del libro, y es que tenemos que reconocer que muchas de las cosas en la vida no las sabemos. Simple, no las sabemos. Pero la buena noticia es que alguien las sabe. Alguien sabe lo que nosotros no sabemos. Entonces, ¿qué tenemos que hacer? Recurrir a ellos. Esto es algo que no debemos ignorar, sino todo lo contrario. No se trata de avanzar y avanzar y no parar. En algún momento se justifica el detenerse. Para descansar, reponer fuerzas y también para consultar con los sabios, es decir con los que ya pasaron por donde nosotros vamos pasando, con los que tienen marcas, cicatrices y toneladas de experiencias y aprendizajes, a menos que no nos interese tropezar y cometer errores que se pueden evitar.

Por mi experiencia en la vida me he dado cuenta de que debemos de reconocer nuestras limitaciones y no engañarnos a nosotros mismos, haciéndonos creer que sí sabemos o que sí podemos cuando esa no es la realidad. ¿Te has puesto a pensar en la cantidad de veces que te has metido en problemas en tu vida pudiéndolo haber evitado? ¿De qué forma? ¡Pidiendo consejo a los sabios! Es doloroso, pero es así. Miles de personas tendrán que pagar cadenas perpetuas en prisión por no haber pedido consejo. Miles tendrán que llorar amargamente por largas temporadas de haber dañado el corazón de las personas que más aman, solo por el simple hecho de no haber pedido consejo. Miles se lamentarán de no haber tomado aquella decisión que les hubiese cambiado el rumbo de su vida, solo por no haber pedido consejo. No es menos persona quien pide consejo, al contrario, eso es de sabios. Si todos hubiésemos pedido y escuchado los consejos de las personas sabias, no tendríamos índices tan alarmantes y dolorosos de divorcios, de hijos abandonados que gritan "¡papa!, ¿dónde estás?", de adolescentes sin paternidad en las cárceles, ni miles de niñas que en vez de estar jugando con sus muñecas están cambiando pañales a sus hijos, ni tampoco miles de jóvenes en adicciones de toda clase. Sí, y aunque la lista sigue, todo eso lo habríamos evitado si tan solo hubiéramos tenido la humildad de pedir consejo y desde luego si lo hubiéramos puesto en práctica como bien dice ***Proverbios 11:14:*** *"Sin dirección la nación fracasa, el éxito depende de los muchos consejeros" (NVI).*

No puedo olvidar que hace muchos años yo tenía que tomar una decisión trascendental. Si tomaba un empleo como jefe de un poco más de cien personas o si seguía siendo un empleado más. A la verdad, no sabía qué hacer, ya que mi salario se duplicaría si aceptaba la propuesta. Pero, por supuesto, eso requería de mi mayor responsabilidad. No sabía qué hacer, pero siempre tuve en claro este principio. ¿Cual? Pedir consejo. Así que llame a mi padre. ¿Qué mejor consejero que él? Cuando le comenté mi situación su respuesta fue: "Hijo, yo ya soy un hombre avanzado de edad y sinceramente te puedo decir con mucha certeza, que no me arrepiento de cosas que hice sino de aquellas que dejé de hacer". ¡Wow! ¡Su respuesta fue mi respuesta! Al otro día llamé a quien sería mi jefe, el dueño de la empresa y le dije: "¡sí, acepto su propuesta!" A mis veintiocho años acababa de tomar una decisión extraordinaria al punto tal que por ese trabajo pude comprar mi primera casa pagándola al contado. Qué bendición es oír el consejo de los que saben.

No te resistas a buscar el consejo sabio. Eso te abrirá puertas imaginables y te evitará decenas de problemas en los cuales tú no quieres estar. Quizá digas: ¿por qué debo pedir consejo a la hora de tomar decisiones? Porque cada decisión que tomes afectará positiva o negativamente, a ti en primer lugar, luego a otras personas, especialmente a aquellas que amas y que te aman. Por lo tanto, antes de dar un paso, debo pensarlo dos y mil veces y asegurarme que esas decisiones serán de bendición para tus seres queridos. No somos los únicos a quienes nos afectarán nuestras decisiones. Tengo mis consejeros. Me ayudan para mis decisiones ministeriales, financieras, familiares y de toda clase y de la misma forma, varios mentores que me han ayudado a llegar a donde ahora estoy. Sin ellos no lo hubiera logrado.

Me impacta lo que alguna vez dijo Andrew Carnegie: *"El secreto de mi gran éxito fue rodearme de personas mejores que yo".*

Por eso…

"Sabiduría, sobre todas las cosas, busca sabiduría."

Bibliografía de referencia:

- Warren, Rick (2002). Una Vida con Propósito. Vida Zondervan. Estados Unidos.

- Silva, Kittim (1999). El Águila. Editorial Portavoz. Estados Unidos.